나는 당신이
스트레스 없이
말하면
좋겠습니다

일본 최고 자율신경 의사의 말하기 수업

나는 당신이
스트레스 없이
말하면
좋겠습니다

고바야시 히로유키 지음
조민정 옮김

타커스

말하기는 기술이 아니라 의학이다

사람들은 말이 얼마나 중요한지 이미 잘 알고 있고, 평소에 조심해서 말하려고 노력한다. 그런데도 당신은 이 책을 골라 들었다. 그 이유는 무엇인가? 남들보다 더 주의를 기울이는데, 막상 중요한 순간에는 생각과 입이 따로 놀아 답답해서가 아닌가? 혹은 좀 더 말을 잘해서 괜찮은 인생을 살고 싶다는 바람 때문일지도 모르겠다.

말은 내뱉는 순간 끝이므로 매 순간 올바르게 하는 것이 무척 어렵다. 마음이 불안하면 자기도 모르게 가시 돋친 말투가 되기도 하고, 너무 피곤하면 말이 요점에서 벗어나기도 하는 등 그때그때의 기분과 상황에 따라 말투가 달라지기 때문이다. '말이 기분과 상황에 따라 달라진다'라는 것은 당연한 듯 보이지만 곰곰이 생각해보면 어딘지 좀 이상하다. 기분과 상황이란 게 과연 무엇일까?

사실 말투가 매번 한결같지 않은 근본 원인은 의학적인 관점으로 설명할 수 있다. 말투를 좌우하는 정체는 바로 '자율신경'이다.

우리는 자율신경의 균형이 흐트러졌을 때, 분위기 파악을 못해 실수를 저지르거나 상대방에게 상처를 주는 등 이른바 잘못된 말투를 쓰게 된다. 왜 그럴까?

우리의 몸과 뇌가 제 역할을 100% 해내려면 산소와 영양분이 꼭 필요한데, 자율신경의 균형이 망가지면 혈류가 나빠져 몸 전체의 세포에 산소와 영양분이 골고루 미치지 못한다. 그러면 집중력과 판단력이 떨어져서 올바른 말투를 쓸 수 없게 되는 것이다.

반대로 자율신경의 균형이 바로잡혀 있으면 몸 구석구석까지 혈액이 잘 돌아서 뇌가 맑아진다. 그 결과 설득력 있는 말투, 남을 배려하는 말투, 상대방을 존중하는 말투 등 상황에 알맞게 적절한 말투를 쓸 수 있다.

요컨대 말하기는 '기술'이 아니라 '의학'이라고 생각해야 한다.

화술을 배우기만 해서는 무의미하다

말하기는 기술이 아니라 의학이므로, 능숙한 화술이나 대화 스킬을 많이 익혀서 중요한 순간에 대비하더라도 그것만으로는 별 의미가 없다. 말투를 쥐락펴락하는 자율신경을 안정시키지 않으면 그저 수박 겉핥기에 지나지 않는다. 서랍이 너무 많아서 정작 필요한 물건을 잘 찾지 못하는 격이라고나 할까.

화술이나 대화 스킬을 익힌 사람은 이미 말하기에 대한 지식을 가지고 있는 만큼 '그때 이렇게 말할걸' 하고 나중에 정답을 알아차리는 경우도 많을 것이다. 하지만 말은 내뱉는 순간 끝나버리는 순간의 승부다. 불리한 상황에 처해 있을 때 어떤 말투로 단숨에 형세를 역전시킬 것인가? 불같이 화내는 상대를 어떤 말로 진정시킬 것인가? 바로 그 순간 적절한 말로 대응하지 못하면 그 장소의 분위기, 나아가 인생을 바꾸기란 불가능하다.

순간순간 올바른 말투를 쓰려면 자율신경을 의식하는 것이 필수 불가결하다. 늘 말투에 신경을 쓰는 데도 자기도 모르게 실수하고 마는 사람은 자율신경의 균형이 무너졌을 가능성이 높기 때문이다. 이는 반대로 말하면 자율신경의 균형을 바로잡으면 어떤 상황에서도 안정적으로 올바른 말투를 쓸 수 있다는 말이다. 또 자율신경이 바로잡혀 있으면 대화를 기분 좋게 이끌어갈 수 있고, 단번에 분위기를 바꿀 수 있으며, 나아가 인생도 달라질 수 있다.

한순간에 내 인생을 바꾼 의사의 한마디

내가 이렇게 말투의 중요성을 의식하게 된 건 의대 6학년 때 겪은 사고 때문이다. 당시 나는 럭비 경기 도중 뼈가 부러졌는데, 담당 의사가 '평생 제대로 걷지 못할 것'이라는 선고를 내렸다. 그 말을 들은 순간 눈앞이 캄캄해지던 것을 지금도 똑똑히 기억한다. 이제 곧 의사가 되어 꿈같은 인생을 보낼 기대에 부풀어 있었는데(비록 현실은 가혹한 세계였지만), 그 말을 듣고 앞으로 어떻게 될지 몰라 삶을 비관했다.

그런데 얼마간 병원에 다니면서 전환기가 찾아왔다. 병원에 갈 때마다 엑스레이를 찍었는데, 내 사진을 본 어떤 의사는 "뼈가 전혀 안 붙었네" 하고 말했다. 나도 의대 6학년이었던 만큼 내 상태를 어느 정도 알았기 때문에 '정말 가망이 없구나' 하고 여겼다. 그런데 같은 사진을 보고 또 다른 의사가 이렇게 말하는 것이 아닌가.

"어라? 여기 이 부분 말이야. 수염처럼 생긴 거 보이지? 이게 좋은 거야~. 이게 바로 재생할 계기가 되어주거든. 희망이 보이는데!"

그 말을 들은 순간 캄캄하기만 했던 눈앞이 환해지더니, '어쩌면 나을 수 있을지도 몰라!' 하며 힘이 나는 것을 느꼈다. 똑같은 사진인데 말이다. 똑같은 사진을 보고 다르게 말했던 의사 때문에 내 감정이 극과 극으로 달라진 것이다. 그날 이후 내 인생은 180도 변했다. 한 가닥 희망을 붙잡고 죽을힘을 다해 재활 치료에 임했고, 현재는 아무런 불편함 없이 걷고 있다.

그 일을 계기로 나는 말투의 중요성을 의식하게 되었다.

하지만 당시에는 말투가 각자의 인생에 큰 영향을 미치는 이유까지는 해명하지 못했다. 그저 감각적으로 '역시 말투가 중요하구나' 하고 생각했을 뿐, 말투가 가진 진짜 힘을 이해하게 된 것은 의사가 되고 나서 꾸준히 자율신경 연구를 해온 덕분이다.

스트레스 없이 말하면 인생이 달라진다

우리는 친구와 대화를 나눌 때 굳이 말투를 의식하지는 않는다. 하지만 불편한 상대와 대화할 때, 거절이나 이별 통보 같은 나쁜 소식을 전할 때 상대의 기분이 언짢은 순간에는 어떤 말투를 써야 할지 몹시 신경이 쓰인다. 자칫 상대에게 상처를 주거나 상황을 좋지 않게 만들 수 있기 때문이다. 특히 말투는 감정과 밀접한 관련이 있기 때문에 무심코 건넨 한마디가 상대의 기분을 상하게 만들거나 돌이킬 수 없는 결과로 이어지기도 한다.

우리는 늘 외부의 자극이나 정보에 휘둘리며 산다. 정보에 휘둘리지 않는 가장 간단한 방법은 '아무것도 보지 않고,

말하지 않고, 듣지 않는 것'이다. '눈과 입과 귀를 가린 모습' 으로 유명한, 일본 닛코(혼슈 도치기현에 있는 도시)의 세 원숭이 조각처럼 외부에서 들어오는 정보를 완전히 차단해버리면 번뇌를 없앨 수 있어 고민도 사라진다.

하지만 이 방법은 현실적으로 불가능하다. 갑자기 눈에 비치는 정경, 귀를 통과하는 정보를 미리 차단하기란 불가능에 가깝다. 하지만 '말하기'만큼은 다르다. 말은 자기 의지가 들어가야 비로소 실현되는 능동적인 행위이기 때문이다. 요컨대 의사소통의 핵심 요소인 보기, 듣기, 말하기 중에서 우리가 유일하게 컨트롤할 수 있는 것이 바로 말하기이다.

'말이 화근이다'라는 말이 있는데, 반대로 '말은 행운의 씨앗'이기도 하다. 안정적이고 듣기 좋은 말투, 신뢰가 느껴지는 말투, 품위 있는 말투를 사용해서 행운을 불러오면 인생이 달라진다. 이를 위해서는 잔기술로 말을 그럴싸하게 하는 요령을 익히는 것이 아니라, 근본적인 대책을 세워야 한다. 자율신경의 균형을 바로잡아 상황이나 상대에 따라 자신도 모르게 내뱉게 되는 부정적인 말투를 완전히 고치는 것이다. 그런 상태가 되어야 스트레스 없이 말할 수 있게 된다.

이 책은 바로 그 성공법을 다루고 있다. 이 방법은 간단하고, 돈이 들지 않으며, 스스로 시도할 수 있는 등 이점이 많다. 또 스트레스 없이 편안하게 말하게 되면 인생도 긍정적인 방향으로 선순환하게 된다. 이 책을 통해 부디 당신의 말투가 바뀌어, 인생이 달라지기를 바란다.

차례

1장

자율신경을 바로잡으면 말투가 바뀐다

교감신경과 부교감신경이
모두 높은 상태일 때,
'예리하면서 듣기 좋은'
100점짜리 말투를 쓸 수 있다.

자율신경이 흐트러지면
그때그때 다른 말투가 나온다

혹시 이런 경험을 한 적 없는가?

택시 기사가 길을 잘못 들어서 "죄송합니다, 손님. 유턴하겠습니다" 하고 말했을 때, 기분이 좋은 날에는 "아, 네. 그러세요" 하고 가볍게 넘기지만, 마음이 편하지 않을 때는 "아, 시간 없는데!" 하고 자기도 모르게 짜증을 낸 적 말이다.

설령 기분이 좋더라도 약속 시각에 늦을 것 같아 조바심이 난다거나 몸의 컨디션이 나쁠 때는 부정적인 말투가 나오곤 한다.

왜 이렇게 기분과 상황에 따라 말투가 달라질까? 사실 기분, 시간적 여유, 컨디션 등은 전부 자율신경을 망가뜨리는 원인이다. 다시 말해 이런저런 원인으로 자율신경이 흐트러지면 말투가 그때그때 달라진다.

나 역시 자율신경을 연구하기 전까지는 몹시 성미가 급한 사람이었다. 그래서 택시 기사가 길을 헤매면 짜증 낼 때가 많았다.

하지만 지금은 달라졌다. 내가 상대를 깎아내리는 말투를 쓰면, 상대의 자율신경이 흐트러져서 결과적으로 내게 더 큰 불이익이 생긴다는 것을 잘 알기 때문이다.

만약 내가 "정신을 어디에 팔고 다닙니까? 택시 기사가 길도 몰라요?" 하고 상대방을 비난했다고 해보자. 그러면 택시 기사의 자율신경이 급격히 흐트러져 혈압이 올라가고 판단력이 흐려진다. 상대는 몹시 동요한 상태로 운전하기 때문에 길을 더 헤맬 수도 있고 최악의 경우에는 사고를 낼지도 모른다. 물론 이는 내가 원하는 바가 아니다.

이럴 때는 목적을 놓치지 않는 것이 중요하다.

우리가 택시를 타는 목적은 자신이 가고 싶은 곳까지 쉽고 빠르게 가는 데 있다. 그러니 이미 길을 헤맨 이상, 아무리 상대를 비난해봐야 소용없다. 이때부터는 택시 기사가 앞으로 실수 없이 운전을 제대로 하는 것이 중요하다. 이 미션을 잘 해결하려면 공격적인 말투는 절대 금지다. '그래도 뭔가 한마디 쏘아주지 않고는 못 참을 것 같다'라고 생각하는 사람도 있을지 모르겠다. 하지만 공격적인 말투를 쓰면 상대방뿐 아니라 자신의 자율신경까지 흐트러진다.

화가 나서 자율신경이 흐트러지면 대개 서너 시간 정도 그 상태가 지속된다. 고작 이런 일 때문에 소중한 하루 컨디션을 망치면 더 큰 손해가 아닐까? 이럴 때는 일단 '어쩔 수 없지' 하고 기분을 전환해야 한다. 또 '오늘 날씨 좋네~' 하면서 생각을 다른 쪽으로 돌리는 것도 좋은 방법이다. 이렇게 하면 자율신경이 정상으로 돌아온다. '어쩔 수 없지' 하고 포기하는 것은 결코 부정적인 행동이 아니다. 오히려 망친 기분을 일단락 짓고 앞으로 나아가기 위한, 최고의 만회 샷이다.

말투와 자율신경은
이어져 있다

앞에서 자율신경이 흐트러지면 말투가 그때그때 달라진다고 말했다. 그럼, 자율신경이란 무엇일까?

단어 자체는 귀에 익었을 테지만, 자율신경이 구체적으로 무슨 작용을 하는지는 잘 알려져 있지 않다. 의사 중에도 자율신경이 얼마나 중요한 역할을 하는지 제대로 이해하고 있는 사람은 많지 않다.

쉽게 예를 들면 자율신경은 다음과 같은 작용을 한다.

• 자는 동안 호흡을 조절한다.
• 더우면 땀을 배출하여 체온을 내린다.

- 추우면 닭살이 돋아 체온이 빼앗기는 것을 막는다.
- 눈이 부시면 눈을 감는다.
- 뜨거운 것을 만진 순간 손을 뗀다.

자율신경은 우리가 평소 생활하면서 별로 의식하지 않는, 숨은 공로자 같은 역할을 아주 많이 맡고 있다. 하지만 무엇보다 중요한 역할은 우리 몸 구석구석까지 뻗은 모든 혈관을 조절하는 것이다.

우리의 몸은 약 37조 개의 세포로 형성되어 있는데, 이 세포 하나하나에 영양분과 산소가 골고루 공급되어야 건강을 유지할 수 있다. 그 기능을 맡은 것이 혈류이며, 혈류를 컨트롤하는 것이 바로 자율신경이다. 혈관을 전부 연결하면 총 길이가 10만 킬로미터로, 지구를 두 바퀴 반 돌 수 있는 길이가 된다고 한다. 자율신경은 이렇게 엄청나게 긴 혈관을 빠짐없이 흐르면서 몸속의 혈관 작용을 조절한다.

혈류는 세포 찌꺼기를 몸 밖으로 내보내고 면역세포를 운반하는 작용도 하므로, 혈류가 원활하지 않으면 세포의 기능이 떨어지고 면역력도 저하된다.

반대로 혈류가 원활해서 세포 구석구석까지 질 좋은 혈액

건강의 핵심은 자율신경

**우리 몸은 약 37조 개의 세포로
형성되어 있다.**

혈류가 세포 하나하나에
산소와 영양분을 공급한다.   =   **건강**

혈류를 컨트롤하는 역할을 맡은
자율신경

이 흐르면 모든 내장기관에 산소와 영양분이 충분히 전해지기 때문에 몸이 아주 건강해진다.

그리고 이것이 바로 자율신경에 의해 말투가 좌우되는 중요한 원리이다.

혈류가 좋아지면 뇌를 비롯한 몸속 모든 세포에 산소와 영양분이 고루 미쳐서 말투가 안정되고 대화를 기분 좋게 이끌어갈 수 있게 된다.

지금까지의 내용을 요약하면 다음과 같다.

자율신경이 바로잡힌다.

↓

혈류가 원활해진다.

↓

말투가 안정되고 대화를 기분 좋게 이끌어갈 수 있다.

자율신경의 이상적인
균형비는 10:10

그렇다면 자율신경이 바로잡힌 상태란 어떤 상태를 말하는 것일까?

자율신경은 교감신경과 부교감신경으로 나눌 수 있다.

차에 비유하면 교감신경은 액셀러레이터로, 혈관을 수축시켜 혈압을 올리는 역할을 한다.

부교감신경은 브레이크로, 혈관을 이완시켜 혈압을 내리는 역할을 한다.

이 둘은 균형을 이루고 있어서 교감신경이 더 높아지면 우리는 흥분 상태가 되고, 반대로 부교감신경이 더 높아지면 편안한 상태가 된다.

자율신경이 안정되기 위해서는 교감신경과 부교감신경의 균형이 무엇보다도 중요한데 가장 이상적인 비율은 10:10으로, 둘 다 높은 상태를 유지하는 것이다. 자율신경이 바로잡힌 상태란 바로 이 10:10 상태, 혹은 8:8, 9:9 등으로 최대한 높이 균형을 유지하는 것을 말한다.

　이렇게 자율신경의 균형이 잘 잡혀 있으면 교감신경이 혈관을 수축시키고 부교감신경이 혈관을 이완시키는 현상이 교대로 일어난다. 그러면서 혈관의 맥박이 리듬감 있게 뛰고 혈류가 부드러워져서 전체적으로 좋은 컨디션이 된다.

　하지만 스트레스를 일으키는 요인이 가득한 현대 사회에서는 무심코 부정적인 말투를 사용하거나 남에게 기분 나쁜 말을 듣고 교감신경이 더 높아지는 경우가 무척 많다.

자율신경은 균형이 중요하다

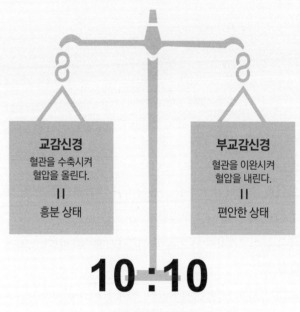

교감신경	부교감신경
혈관을 수축시켜 혈압을 올린다.	혈관을 이완시켜 혈압을 내린다.
‖	‖
흥분 상태	편안한 상태

10 : 10

이 균형비가 최고!

하지만

말투 때문에 많은
현대인의 자율신경 균형이 망가졌다.

"젠장!" 하고 말하는 순간,
자율신경의 균형이 깨진다

그런데 부정적인 말투를 사용하거나 남에게 기분 나쁜 말을 들으면 왜 자율신경의 균형이 망가질까?

예를 들어 "젠장!" 하고 잔뜩 짜증 난 말투를 썼다고 가정해보자.

화난 감정을 말로 내뱉으면 짜증이 증폭되어 교감신경이 급격히 높아지고 자율신경의 균형이 흐트러진다. 교감신경이 높고 부교감신경이 낮으면 혈관이 수축하고 혈류가 나빠지기 때문에 쉽게 지치거나 판단력이 흐려진다. 그 결과 말투는 더 부정적으로 변하고, 결국 자율신경의 균형이 더욱 무너지는 악순환에 빠지고 만다.

부정적인 말투가 자율신경의 균형을 망가뜨린다

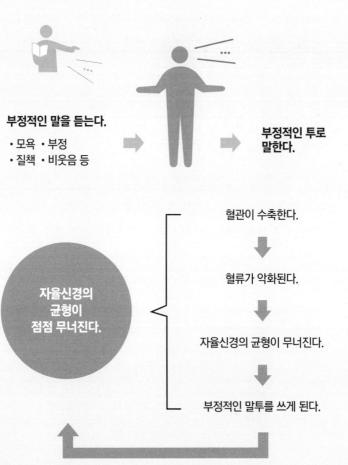

부정적인 말을 듣는다.

· 모욕 · 부정
· 질책 · 비웃음 등

**부정적인 투로
말한다.**

**자율신경의
균형이
점점 무너진다.**

혈관이 수축한다.

혈류가 악화된다.

자율신경의 균형이 무너진다.

부정적인 말투를 쓰게 된다.

젊을 때는 부교감신경의 작용이 활발하기 때문에 자신이나 타인의 말투에 따라 자율신경이 흐트러져도 부교감신경이 금세 회복된다. 자율신경이 곧 균형을 되찾는 것이다. 하지만 남성은 30세, 여성은 40세를 기점으로 부교감신경의 작용이 급격히 떨어진다. 그래서 한번 자율신경의 균형이 무너지면 쉽게 회복되지 않고 흐트러진 상태가 지속된다. 그 결과 혈류의 작용이 원활하지 않아 만성통증이나 질환으로 발전하기도 한다.

30~40대에 접어들면서 "몸이 예전 같지 않다", "항상 컨디션이 나쁘다", "늘 어딘가 아프다"라고 호소하는 사람들이 있는데, 자율신경의 균형이 무너진 것이 그 원인인 경우가 많다. 이를 피하려면 의식적으로 부교감신경의 작용을 높여야 한다. 그 구체적인 방법은 뒤에서 자세히 설명하겠다.

프로 운동선수와 명의는
자율신경의 균형이 바로잡혀 있다

어떤 상황에서도 안정적인 말투를 유지하고 대화를 기분 좋게 이끌어가는 핵심 열쇠는 바로 자율신경이다. 즉 자율신경이 균형을 이루어야 바람직하고 긍정적인 말투를 사용할 수 있고 원하는 목표를 이룰 수 있다. 이는 무척 중요한 이야기이므로 자세히 알아보자. 자율신경의 균형은 다음 4가지 패턴으로 분류할 수 있다.

① 교감신경이 높고 부교감신경이 낮다.
② 교감신경이 낮고 부교감신경이 높다.
③ 교감신경과 부교감신경 모두 낮다.

④ 교감신경과 부교감신경 모두 높다.

①~③은 모두 자율신경의 균형이 무너진 상태이다. 가장 바람직한 상태는 ④처럼 교감신경과 부교감신경이 모두 높은 것이다.

교감신경이 높으면 판단력과 결단력이 좋아져 예리한 언어를 구사하게 되고, 부교감신경이 높으면 상대방을 배려하는 여유가 생긴다. 즉 교감신경과 부교감신경이 모두 높으면 핵심을 짚으면서도 공격적인 말투를 사용하지 않기 때문에 '예리한데도 듣기 좋은', 그야말로 100점짜리 말투가 된다. 최고의 운동선수나 신의 손이라 불리는 명의의 자율신경을 조사하면 ④의 상태라는 것을 알 수 있다.

그럼 나머지 세 패턴에 대해서도 생각해보자.

먼저 ① 교감신경이 높고 부교감신경이 낮은 경우.

이때는 혈관이 수축해서 혈압이 올라가 흥분 상태가 된다. 그래서 공격적이고 자신을 어필하는 것밖에 안중에 없는 말투가 되고 만다.

다음으로 ② 교감신경이 낮고 부교감신경이 높은 경우.

이때는 혈관이 이완되어 혈압이 내려간다. 좋게 말하면 편안한 상태이지만, 다르게 표현하면 머리가 멍한 상태라고도 할 수 있다. 그래서 말이 요점에서 자꾸 벗어나고 전달력과 설득력이 떨어지게 된다.

③ 교감신경과 부교감신경이 모두 낮은 경우는 단적으로 말하면 빈껍데기 같은 상태이다. ①과 ②처럼 한쪽만 내려가면 균형이 깨지더라도 다른 한쪽은 잘 작동하지만, ③처럼 둘 다 내려가면 그렇게도 할 수 없다. 쉽게 피로를 느끼고 체력이 달려 제 능력을 발휘하기가 가장 어렵다. 상황 판단 능력도 현저하게 떨어지기 때문에 분위기를 파악하지 못하는 말투가 나오게 된다.

말투와 자율신경의 균형

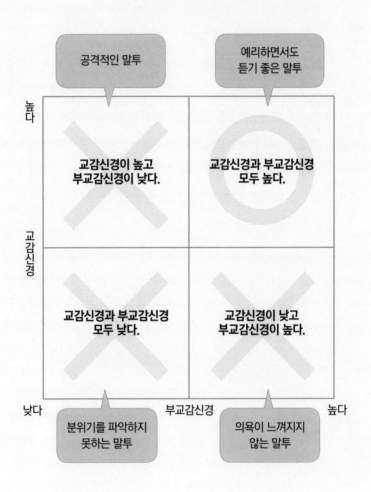

의학적으로 접근해야
말투를 고칠 수 있다

말투와 자율신경은 이어져 있으므로 자율신경의 균형에 따라 말투가 바뀌고, 반대로 말투에 따라 자율신경의 균형에도 변화가 생긴다. 이 둘은 고리처럼 이어져서 서로에게 영향을 미친다.

예를 들어 상사가 급한 업무를 지시했다고 가정해보자.

"알겠습니다!"

이렇게 시원시원하게 대답했을 경우와

"네⋯⋯."

이렇게 웅얼웅얼 부정적인 투로 대답했을 경우, 몸속 세포는 다르게 작동한다.

전자의 말투를 사용하면 자율신경의 균형이 바로잡히면서 뇌를 비롯한 온몸의 세포에 산소와 영양분이 두루 미치기 때문에 머리가 맑아져 업무 효율이 높아진다. 게다가 에너지가 충만해져서 쉽게 지치지 않고 활기 넘치며 건강한 컨디션을 유지할 수 있다.

반면 후자의 말투를 사용하면 산소와 영양분이 부족해지면서 두뇌와 신체 능력이 떨어진다. 그러니 당연히 업무 효율도 낮아져 상사에게 좋은 평가를 얻기 어렵다. 또한 세포가 활성화되지 않아 건강에도 적신호가 켜질 수 있다.

단기적인 증상으로는 잦은 피로, 집중력 저하, 불면증, 두통, 변비 등이 대표적이다. 또한 장기적으로는 암, 뇌졸중, 심근경색, 당뇨병 등 심각한 증상이 나타날 수 있다.

우리는 대개 누군가와 소통해야 할 때 말투를 의식하고 신경쓴다. 상대방에게 부정적인 감정을 전달하거나 불쾌감을 주지 않는 언어를 사용하려고 노력한다.

하지만 이보다 더 중요한 것이 우리가 매일 무심코 쓰는 말투이다. 일상의 사소한 말 습관이 일의 능률은 물론이고 건강 상태에까지 영향을 미친다. 그런데 이러한 사실을 아는 사람은 거의 없다.

잘못된 말투가 건강을 해친다

부정적인
말을 들으면

건강에 적신호가 켜진다.

단기적 위험	• 잦은 피로 • 집중력 저하 • 불면증 • 두통 • 변비	장기적 위험	• 암 • 뇌졸중 • 심근경색 • 당뇨병 등

**자신의 말투 혹은 남의 말투가
건강에 악영향을 미친다.**

게다가 자신이 쓰는 말투뿐 아니라 남이 내게 쓰는 말투 역시 똑같은 영향력을 발휘한다. 남이 내게 화를 내거나 불만을 표출하는 등 부정적인 말투를 쓸 때도 자율신경이 순식간에 균형을 잃고 일과 건강에 악영향이 생긴다.

안타깝게도 다른 사람의 말투를 바꾸는 것은 불가능하다. 하지만 이 책을 읽고 자율신경의 원리를 이해하고 그에 맞는 말투를 익힌다면 상대의 언어공격을 막아내는 것은 얼마든지 가능하다. 또 어떤 상황에서도 안정적이고 부드럽게 대화를 이끌어갈 수 있게 된다.

가장 중요한 것은 잘못된 말투를 쓰게 되는 이유와 잘못된 말투가 작동하는 원리를 이해하는 것이다. 물론 그 핵심에 자율신경이 있다.

이 책에서 알려주는 내용을 따라 하다 보면 말투로 인한 스트레스와 실수가 줄어들고, 업무와 인간관계, 더 나아가 인생을 스스로 컨트롤할 수 있게 될 것이다. 말을 컨트롤해야 인생도 컨트롤할 수 있게 된다.

자율신경과 몸과 마음의 관계는
의학적으로 입증되었다

지금까지 자율신경과 몸과 마음의 관계를 밝히려는 연구가 많이 진행되었지만 구체적인 의학적 증거를 찾을 수는 없었다.

그런데 최근 내가 이끄는 자율신경 연구팀이 자율신경을 측정하고 분석하는 기계를 개발하면서 다양한 사실이 밝혀졌다. 그중에서 가장 놀라운 것은 우리가 느끼는 감정이 자율신경의 수치를 좌우한다는 사실이다.

인간은 희로애락을 느끼고 매 순간 다양한 감정의 지배를 받는다. 그리고 마음속을 마구 휘젓는 감정에 따라 자율신경의 균형이 바로잡히기도 하고 무너지기도 한다.

기쁨이나 즐거움, 희망 등 긍정적인 감정을 느낄 때는 자율신경의 균형이 바로잡히지만, 질투, 시샘, 분노, 증오 등 부정적인 감정을 느끼면 자율신경의 균형이 무너진다. 즉 부정적인 감정을 실어 말하거나 부정적인 단어를 내뱉는 순간, 자율신경의 균형이 흐트러져 혈류가 나빠지고 내장 기능이 약해지며 호르몬의 균형마저 무너지고 만다.

이런 상태가 오래 지속되면 쉽게 피로를 느껴 사소한 일에도 컨디션이 나빠지고 심각한 질병에 걸릴 수도 있다. 또 피부와 머리카락이 푸석푸석해지면서 나이에 비해 노화가 빨리 진행된다.

우리 연구팀이 자율신경의 작용을 기계로 측정하고 그 결과를 구체적인 수치로 나타낼 수 있게 되면서 자율신경과 몸과 마음의 관계가 의학적으로 입증되었다.

나는 환자들을 진료하고 치료할 때 이 수치를 적극적으로 활용한다. 많은 경우 자율신경의 균형을 바로잡기만 해도 몸의 전반적인 컨디션이 유의미하게 상승하고 질병의 치료 속도가 매우 빨라진다. 반면 똑같은 방식으로 치료하더라도 자율신경의 균형이 회복되지 않으면 치료 속도와 효과가 매우 낮다.

의료진과 환자 모두 이러한 원리를 이해하고 치료에 임한다면 그 결과는 상당히 달라질 것이다.

2장

말투로 자율신경을
조절한다

효율적인 업무를 위해,
원활한 인간관계를 위해,
가장 먼저
말투부터 의식하자.

상대방의 자율신경을
지켜주는 말투

　자율신경에 대해 연구하기 전에 나는 정말 그릇이 작은 사람이었다.

　무작정 열심히 일하기만 했고, 자신에게는 물론 남에게도 무척 엄격했다. 누군가 실수를 저지르면 "정신 똑바로 차려!" 하고 화를 냈고, "왜 그것도 못 하는 거야!" 하며 무섭게 다그치는 타입이었다.

　왜냐하면 당시 나는 '노력에는 반드시 결과가 따른다'라고 생각했기 때문이다. 실수는 준비와 노력, 의욕 등이 부족한 결과라고 여기고 실수를 절대 용납하지 않았다.

　그런 내게 어떤 사건이 일어났다. 일요일 저녁부터 숨이

턱 막히고 우울해진다는 '월요병'에 걸리고 만 것이다. '마음은 열심히 하고 싶은데 몸이 따라주지 않는' 느낌을 처음으로 맛보았다. 정말 충격적이었다.

지금 생각해보면 서른을 넘기면서 부교감신경의 작용이 저하되어 자율신경의 균형이 무너진 게 원인이었다. 하지만 당시 그런 원리를 몰랐던 나는 열심히 하려고 하는데도 몸이 따라주지 않는 현실에 부딪혀 좌절하고 말았다. 그리고 그때까지 남에게 엄격했던 자신을 반성했다.

지금은 자율신경의 균형이 그 사람의 몸과 마음, 역량에 큰 영향을 미친다는 사실을 잘 알기에 마음에 들지 않는 일이 생겨도 버럭 화내지 않는다. 상대방의 자율신경을 지켜주는 것을 최우선으로 생각하며 어떤 말투를 쓸지 고민한다. 내가 강조하고 싶은 것은 말투 때문에 직장 동료 혹은 가족의 사기를 꺾어서 굳이 일의 능률을 떨어트릴 필요는 없다는 사실이다. 그렇게 해서 이로울 사람은 아무도 없으니까 말이다.

효율적인 업무와 원활한 인간관계를 위해서는 무엇보다 자율신경을 바로잡는 말투를 사용하는 것이 중요하다.

말을 내뱉기 전에 의식해야 할
8가지 요인

말을 할 때는 늘 위험이 따른다.

현재 나는 일본 TBS의 저녁 뉴스 〈N스타〉에 해설자로 출연 중이다. 평소에도 그렇지만 방송에서 순발력 있게 적절한 말을 하기는 몹시 어렵다. 만약 내가 부적절한 말을 하고 곧바로 후회한다고 해도 이미 전파를 타고 방송되어버렸으니 그 말을 다시 주워 담을 수 없다. 그래서 나는 적절한 말을 쓰기 위해 메인 아나운서인 호리오 마사아키에게 많은 것을 배우며 구체적인 방법을 모색했다.

자율신경이 안정적일 때는 자연스럽게 올바른 말투를 쓸 수 있으니 상관없다. 하지만 자신의 자율신경이 어떤 상태인지 스스로 알기가 쉽지 않다. 그래서 내가 생각해낸 아이디어는 미리 '상자'를 만드는 것이다. 자율신경이 흐트러지는 요인과 자신의 상태를 맞춰보면서 스스로 지금 어떤 상태인지 객관적으로 파악하는 '상자'이다(p.51 참조). 그리고 그에 따른 결론까지 미리 생각해두는 것이다.

구체적으로는 말을 내뱉기 전에 다음 8가지 요인을 의식하는 것이 좋다.

컨디션, 예상치 못한 일, 환경, 자신감, 날씨, 상대방의 상태, 시간, 감정

컨디션이 나쁘면 자율신경의 균형이 흐트러진다는 것쯤은 쉽게 상상할 수 있다. 세포 하나하나가 약해지면 몸 안의 자율신경도 평소와 다를 테니까 말이다.

그 밖에도 예기치 못한 일이 일어났거나 환경이 좋지 않거나(책상이 어질러져 있거나 고약한 냄새가 날 때) 중요한 프레젠테이션을 앞두었는데 준비가 덜 되어 자신감이 없을 때 등 아주 사소한 자극에도 자율신경은 흐트러지고 만다.

그리고 언뜻 상관없어 보이는 일이 우리의 자율신경을 망가뜨리기도 한다. 이를테면 날씨가 맑은 날에는 자율신경

이 균형을 이루지만, 비가 오거나 먹구름이 끼는 등 왠지 성가신 느낌이 드는 날씨에는 자율신경의 균형이 무너지기 쉽다. 상대의 상태나 시간적 여유가 있는지에 따라서도 큰 영향을 받는다. 그리고 욕망과 질투, 허영심 등 다양한 감정과 얽혀 있을 때도 교감신경이 높아져서 자율신경의 균형이 흐트러진다.

이처럼 자율신경은 아주 사소한 자극에도 망가지기 쉬우므로 자신의 현재 상태를 검증해둘 필요가 있다.

검증하는 방법은 바로 '상자'를 상상해보는 것이다. 우선 앞서 말한 8가지 요인을 상자 모서리에 각각 끼워 맞춘다. 그 상자의 중심에 자신이 있다고 생각하고, 상자의 중심에서 여덟 개의 모서리를 바라본다. 그러면 '이 말투는 욕망 때문에 나온 것이 아닐까?', '자신감이 없어서 오히려 더 강경한 말투가 나온 게 아닐까?' 하는 식으로 현재 자신의 자율신경이 어떤 상태인지 객관적으로 파악할 수 있다.

만약 머릿속에 떠오른 말투가 욕망에서 비롯됐다고 느낀다면 다른 말투로 바꿔서 다시 한번 검증해본다. 그런 식으로 올바른 말투를 쓰기 위한 조건을 하나씩 해결해나가다 보면 말투로 실패하는 일이 점점 줄어든다.

말을 내뱉기 전에 '상자'를 상상하기

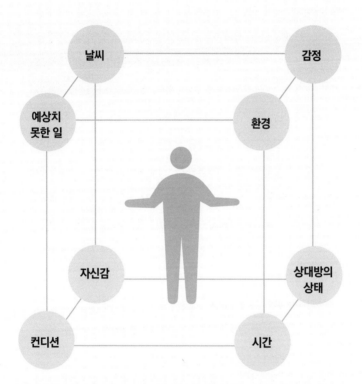

만약 그 과정에서 '오늘은 감기 기운이 있어서 컨디션이 나쁘다'는 생각이 든다면 자율신경의 균형이 흐트러졌다는 뜻이다. 그대로 내버려 두면 좋은 말투를 쓸 수 없다. 그럴 때 어떻게 해야 하는지에 대해서는 3장에서 설명할 것이다. 3장에서 제시하는 10가지 솔루션만 제대로 익혀도 말투로 인한 스트레스에서 상당 부분 해방될 수 있다. 특히 자신의 자율신경이 흐트러진 것을 의식하지 못했던 사람이라면 그 효과를 극적으로 느낄 수 있을 것이다.

우리는 대부분 자신의 자율신경이 흐트러졌다고 의식하지 못한 상태에서 말을 내뱉는다. 그리고 나중에 '그때는 짜증이 나서 어쩔 수 없었어', '그 사람이 열받는 소리를 하니까 나도 모르게 되받아친 거지' 하고, 기분과 상황에 책임을 미루고, 자신이 왜 부정적인 말투를 썼는지 본질을 깨닫지 못한다. 그런 식으로 계속 실패를 반복하는 것이다.

이럴 때 앞에서 소개한 상자 상상하기를 해보면 왜 그런 말투를 썼는지 검증할 수 있기 때문에 올바른 대책을 세울 수 있고, 실패의 악순환을 끊을 수 있다.

처음에는 여덟 개의 모서리를 떠올리는 데 시간이 조금 걸리겠지만 익숙해지면 누구나 저절로 떠올릴 수 있게 된다. 각각의 모서리가 점점 멀어지면서 둥글어지고, 마침내 원으로 변하는 이미지가 된다. 나는 이렇게 해서 완성한 '공'이야말로 그 사람의 '말 그릇'이라고 생각한다.

이 연습을 꾸준히 하면 나중에는 여덟 개의 모서리를 떠올리는 과정 없이 바로 커다란 공 안에서 올바른 말투를 쓸 수 있게 된다. 이런 사람이야말로 진정 말 그릇이 크다고 할 수 있지 않을까?

감정을 배제하고
자신의 그릇 키우기

그릇 이야기가 나와서 말인데, 몇 년 전 나는 프로 골퍼 코가 미호와의 식사 자리에서 인상 깊은 이야기를 들었다. 우리는 함께 골프를 친 후였는데, 경기 도중 트리플 보기를 범했던 일을 떠올리며 내가 "그때 그렇게 하지 말고 옆으로 보낼걸. 괜히 그렇게 한 바람에 구렁텅이에 빠졌잖아" 하고 투덜거렸다. 그러자 코가가 이렇게 말하는 것이 아닌가.

"그게 바로 선생님의 그릇이에요."

과연 맞는 이야기라고 생각한다. 그릇이 큰 사람은 허영심과 질투, 욕망 따위가 거의 없다. 그런 감정을 배제했을 때 비로소 그릇이 커지는 것이 아닐까?

'질투와 욕망이 있어야 성공할 수 있다'라는 말이 있는데 나는 그렇게 생각하지 않는다. 성공한 사람 중에 그런 사고방식을 가진 사람이 있다고 해도, 한때 그러한 감정을 버린 시기가 있었던 게 분명하다. 계속 그런 감정을 껴안고 있다면 결코 성공할 수 없다.

성공하기 위해서는 사소한 감정에 휘둘리지 않아야 한다. 목표를 정확히 파악하고 그 목표를 향해 차근차근 과정을 밟아나가야 한다. 그것이 바로 자신의 그릇을 키우는 방법이고, 그 그릇이 커져야 일정한 수준에 오를 수 있다.

의사 중에도 지나친 자존심 때문에 새로운 길을 개척하지 못하는 사람이 있다. 뒤늦게 새로운 분야에 뛰어들 경우 자격을 얻기 위해 젊은 사람들과 경쟁해야 한다. 주로 젊은 전문의가 치는 시험을 쉰을 넘긴 의사가 치러 갈 때는 용기가 필요하다. '떨어지면 어쩌지' 하는 염려 때문에 기회를 놓치기도 한다. 하지만 그런 자존심을 버리고 자격을 획득하고 나면 자신의 길을 더욱 넓힐 수 있다. 사소한 자존심 따위 버릴 때, 정말로 중요한 자존심을 지킬 수 있는 셈이다.

컨디션은
시간대에 따라 다르다

앞에서 자율신경의 균형을 흐트러뜨리는 요인 8가지가 있다고 했는데, 그중에서 시간에 대해 조금 더 자세히 이야기해보자.

약속 시각에 늦을 것 같아 불안하거나 주어진 발언 시간이 5분밖에 남지 않아 마음이 급해지면 누구나 자율신경의 균형이 흐트러진다. 그런데 사실 시간대에 따라서도 자율신경의 균형이 달라진다.

교감신경과 부교감신경의 균형은 시간별로 변동이 있는데, 일반적으로 아침에서 낮까지는 교감신경이 더 높고 저녁부터 밤까지는 부교감신경이 더 높다.

앞에서도 말했지만 교감신경과 부교감신경이 둘 다 높은 상태로 균형을 이루는 것이 가장 이상적이다. 그러므로 '둘 다 변하지 않고 계속 높은 위치에 있는 것이 가장 좋지 않나?' 하고 생각하는 사람이 있을지도 모르겠다. 하지만 현실적으로 교감신경과 부교감신경은 늘 오르락내리락하며 서로 균형을 이루기 때문에 둘 다 같은 위치를 일정하게 유지하는 일은 일어나지 않는다.

그래프로 표시하면 교감신경과 부교감신경은 반드시 서로 엇갈린다(p.58 참조).

따라서 이러한 조건하에서 교감신경과 부교감신경이 모두 높은 상태를 유지해야 하는 것이다. 요컨대 둘 다 최대한 높은 위치에서 각각 변화하면서 상하의 폭이 좁은(자율신경이 덜 무너지는) 상태를 유지하는 것이 중요하다.

자율신경의 균형은 시간대에 따라 달라진다

교감신경
부교감신경

아침 식사　점심 식사　　　저녁 식사

←　수면 중　→

이곳의 차이가
작을수록 좋다

6:00　　　　12:00　　　　18:00　　　　24:00　　　　6:00

중요한 회의는 오전 8~10시
혹은 오후 4~6시에

　우리 몸이 만들어내는 자율신경의 자연스러운 균형을 이용하면 하루 동안 자신의 역량을 최대한으로 끌어올릴 수 있다.

　예컨대 아침 8~10시는 아침밥을 먹어 교감신경이 높아지는 것과 동시에 부교감신경 역시 비교적 높은 위치에 있기 때문에 이상적인 균형을 이루는 시간대이다. 이때는 회의나 중요한 일 등 집중력과 번뜩이는 아이디어가 필요한 일을 하기에 가장 적합하다.

　나는 매일 아침 8시까지 연구실에 가서 가장 중요한 서류부터 살핀다. 이 귀중한 시간대를 메일 확인이나 업무 준비 등 사소한 일에 쓰는 것은 너무 아깝다.

점심 식사 전후에는 '먹는' 행위에 따른 자극과 즐거움 때문에 교감신경이 더 높아진다. 또 밥을 급하게 먹으면 그 반동으로 부교감신경이 급상승하는 등 자율신경의 균형이 무너지기 쉽다. 따라서 이 시간대에는 메일 처리나 자료 정리 등 몸과 뇌를 가다듬는 정도의 단순 작업을 하는 것이 좋다.

오후 4~6시는 다시 자율신경의 균형이 바로잡히는 시간대이다. 더 높은 위치에 있던 교감신경은 내려가고, 반대로 부교감신경은 올라가기 때문에 서로 교차하는 폭이 좁아진다. 따라서 중요한 회의나 결단이 필요한 일을 하기에 적합하다.

저녁 식사 이후에는 부교감신경이 더 높다. 이른바 '휴식 모드'가 되므로 일을 질질 끌게 되기 십상이다. 따라서 일을 하기에는 비효율적이다. 또 밤에 접대 자리에서 사업 이야기를 하는 것은 그다지 효율적이지 않다.

술이 들어가면 부교감신경이 더 높아져서 일 이야기에 집중하기 어려워진다. 사업상의 대화에서는 특히 '말투'에 좌우되는 신경전이 펼쳐지기 쉽다. 이때 자칫 방심해서 부적절한 말투를 쓰면 큰 실수를 하거나 손해를 볼 수 있다. 따라서 일 관련 이야기는 자율신경의 균형이 바로잡힌 시간대에 해야 자신에게 유리하게 진행할 수 있다.

3장

안정적인 말투와
기분 좋은 대화의 비밀

천천히,
등을 꼿꼿이 세우고,
웃는 얼굴로,
억양을 넣어서,
'1:2 호흡법'으로 말하자.

자신의 말투를 객관적으로
확인하는 것이 우선

어떤 상황에서도 안정적인 말투를 쓰고 대화를 기분 좋게 이끌어가는 방법을 알고 싶다면 우선 자신의 자율신경을 객관적으로 확인하는 것이 중요하다.

2장에서 언급했듯이 자율신경이 흐트러지는 요인에는 8가지가 있다. 그중에 자신에게 해당하는 것이 있는지, 있다면 몇 개나 되는지 분석해보자. 당연한 말이지만 해당하는 요소가 많을수록 자율신경도 더 많이 흐트러져 있다는 뜻이다.

사람들은 대부분 자신의 자율신경이 흐트러진 상태라는 것을 모른 채 대화를 시작했다가 실패를 맛본다. 하지만 자신의 상태를 알고 있다면 미리 대책을 세울 수 있다. 아무 생각 없이 자율신경이 흐트러진 상태로 말하는 사람과 자율신경의 균형을 바로잡으려고 노력하며 말하는 사람은 분명 말투에서 큰 차이가 난다.

3장에서는 자율신경의 균형을 바로잡아 어떤 상황에서도 안정적인 말투를 쓰고 대화를 기분 좋게 이끌어갈 수 있는 솔루션을 제시한다. '나는 자율신경의 균형이 흐트러지지 않았어' 하고 생각하는 사람도 지금부터 설명하는 내용을 꾸준히 실천하면 자율신경의 균형을 더욱 안정적으로 유지할 수 있게 된다. 그 결과 판단력과 집중력이 더 높아지고, 손끝 발끝까지 혈액이 잘 돌아서 섬세한 업무도 거뜬히 해낼 수 있을 것이다.

여기서 소개하는 방법들은 모두 당장 실천할 수 있는 간단한 것들이다. 잔기술로 그럴싸하게 들리게 하는 요령을 알려주는 것이 아니라, 근본적인 변화를 이끌어낼 수 있는 강력한 방법들이다. 필자의 조언을 충실히 따르면 더 이상 말 때문에 스트레스받는 일은 없을 것이다!

안정적인 말투와 기분 좋은
대화를 위한 10가지 방법

(1) 천천히 말하기

먼저 가장 중요한 포인트는 천천히 말하기이다. 천천히 말한다는 것은 깊게 호흡하면서 말한다는 뜻이다.

호흡이 건강과 관련 있다는 사실은 예전부터 잘 알려져 있고, 요즘에도 다양한 호흡법이 유행하고 있다. 하지만 왜 호흡이 건강과 관련이 있는지 의학적으로는 설명하지 못했다. 그런데 최근 들어서 그것을 증명할 수 있는 기계가 개발되었다.

이 기계는 말초혈관의 혈류량을 숫자로 표시할 수 있어서 아주 획기적이다. 이 기계를 이용해 우리가 호흡을 멈추면 말초신경의 혈류량이 어떻게 변하는지 관찰했는데, 순식간에 혈액의 흐름이 나빠진다는 사실이 드러났다. 즉 호흡이 얕아지면 혈류가 나빠지고, 반대로 호흡이 깊어지면 혈류가 좋아지는 것이다.

천천히 말해서 호흡이 깊어지면 질 좋은 혈액이 몸속 구석구석까지 전달된다. 그 결과 뇌와 근육의 세포 하나하나까지 산소와 영양분이 공급되어, 머리와 몸이 맑아지고 자신의 역량을 충분히 발휘할 수 있게 된다.

반대로 빨리 말하면 호흡이 깊어지지 못한다. 얕고 빠른 호흡은 교감신경의 작용을 상승시킨다. 순간적으로는 의욕을 올릴 수 있지만, 그것이 길게 이어지면 혈관이 수축하고 혈류가 나빠져서 자신의 능력을 제대로 발휘할 수 없게 된다. 게다가 이야기를 듣는 상대의 부교감신경까지 낮춰버리고 만다. 당신이 쉴 새 없이 빠르게 말하면 팀원 전체의 업무 효율까지 내려가는 셈이다. 그래서는 팀의 구성원인 당신에게도 불리할 수밖에 없다.

(2) 등을 꼿꼿이 세우고 말하기

등을 구부리거나 올바르지 않은 자세로 식사하면 소화불

량이 잘 일어난다. 우리 몸에서 등이 자율신경의 균형을 관장하기 때문이다. 따라서 올바른 자세는 자율신경의 균형에서 무척 중요한 요소이다.

자율신경의 균형을 유지하려면 등을 꼿꼿이 세운 자세가 무엇보다 중요하다. 걸을 때는 물론이고, 책상 앞에 앉아 일할 때나 식사 중에도 자신의 등이 꼿꼿이 펴져 있는지 의식할 필요가 있다.

등을 바로 세우면 자율신경이 안정되고, 기도가 곧게 펴져서 호흡도 저절로 깊어진다. 자세가 바르면 그것만으로도 남에게 좋은 인상을 심어줄 수 있고, 더욱 자연스럽고 적절한 말투를 쓸 수 있게 된다.

(3) 웃는 얼굴로 말하기

마음이 초조할 때, 극도의 압박감을 느낄 때 특히 실천하길 권하는 방법이다.

웃는 얼굴로 말하면 부교감신경의 작용이 활발해져서 자율신경의 균형이 바로잡힌다. 다양한 표정을 지었을 때 자율신경의 상태를 측정, 비교하는 실험을 했더니 미소를 지을 때 부교감신경이 상승한다는 결과가 나왔다. 진심을 담은 미소는 말할 것도 없고 입꼬리만 올리는 억지 미소로도 똑같은 결과를 얻을 수 있었다.

반대로 화를 내면 부교감신경이 급격히 내려간다. 혈액도 끈적끈적해져서 건강에 큰 문제가 생길 수도 있다. **억지 미소라도 좋으니 의식적으로 입꼬리를 올려보자.** 이런 간단한 방법만으로도 정신적, 육체적 역량을 훨씬 더 끌어올릴 수 있다.

이 방법은 자신뿐 아니라 상대방의 자율신경을 바로잡는 데에도 효과적이다.

의사인 나는 날마다 많은 환자를 만나는데, 그때마다 '의사가 웃는 얼굴로 대하면 환자의 회복이 빨라진다'는 사실을 실감한다.

의사가 하는 일은 검사, 약 처방, 수술 등 직접적인 치료만이 전부가 아니다. 환자의 불안을 해소해주고 자율신경을 바로잡아 회복하기 쉬운 상태로 이끌어주는 간접적인 처치 역시 의사의 역할에 속한다.

환자는 대체로 심각한 표정을 지으며 진료실에 들어온다. 자기 몸이 어떻게 되는 것이 아닐까 하는 불안감 때문에 자율신경이 망가진 상태이다. 그래서 나는 의사로서 먼저 웃는 얼굴로 환자를 대해 나와 상대의 자율신경을 바로잡으려고 노력한다. 우리 몸은 무척 민감하고 섬세하다. 내가 먼저 미소로 대하면 상대방도 미소 짓게 되면서 자율신경이 바로잡힌다. 실제로 증상이 가벼운 환자들은 의사가 웃는 얼굴로 친절한 말투만 써도 자율신경의 균형이 바로잡혀서 진료가 저절로 긍정적인 방향으로 흘러간다. 우리 주위 사람들 중에서 힘과 에너지를 주는 사람을 떠올려보면 늘 웃는 얼굴로 말하지 않던가?

(4) 억양을 넣어서 말하기

간혹 한순간에 분위기를 바꾸고 싶을 때가 있다. 예를 들어 자신이 불리한 상황에 빠졌을 때, 실수를 저질러서 비난받거나 교섭이 불리하게 돌아갈 때 분위기를 바꾸려면 어떻게 해야 할까?

이럴 때는 단조로운 말투보다 억양을 넣어서 말하는 것이 효과적이다. 만약 상대가 불같이 화를 낸다면 "정말, 정말로, 면목, 없습니다!" 하고 조금 과장된 느낌이 들 정도로 억양을 넣어서 말해보자. 단 어디까지나 객관적인 태도를 유지해야 한다. 지나치게 몰입해서 객관적인 태도를 잃으면 자율신경의 균형이 흐트러져서 의도와 다르게 엉뚱한 말투가 나오고 만다. 한 발짝 떨어져서 상대와 자신을 바라보는 느낌으로 자신의 말투와 상대의 표정을 관찰해보자.

물론 평소 일상적인 대화를 나눌 때는 굳이 억양을 의식할 필요가 없다. 상대방과 자신 모두 자율신경이 균형을 이루고 있다면 굳이 말투를 의식하지 않아도 거의 실수하지 않기 때문이다. 그러나 자신에게 불리하거나 불편한 상황을 바꾸고 싶고, 현재의 화제를 일단락 짓고 다른 이야기로 넘어가고 싶다면 의식적으로 억양을 넣어서 말해보자. 말투가 바뀌면 분위기도 전환된다. 억양을 적절히 넣어서 말하면 분위기를 효과적으로 바꿀 수 있다.

⑸ '1:2 호흡법'으로 말하기

중요한 협상이나 프레젠테이션, 마음에 둔 상대와의 데이트를 앞둔 경우라면 누구나 긴장하기 마련이다. 하지만 긴장하면 교감신경이 자극받아 호흡이 얕아지기 때문에 혈류가 나빠지고 사고력·판단력·발상력도 떨어진다. 그 결과 평소 쓰는 말투가 아니라 어색한 말투를 사용해서 절호의 기회를 놓치기 쉽다.

의사의 일도 긴장의 연속이다. 일 분, 일 초를 다투는 긴급 수술이나 몹시 까다로운 대수술에 들어가면 아무래도 그곳에 있는 사람 모두가 몹시 긴장하게 된다. 하지만 그런 긴장된 분위기 속에서도 명의들은 집중력을 끝까지 유지하며 자신의 능력을 100% 발휘한다. 왜일까? 이는 호흡법과 깊은 연관이 있다.

극도의 압박감 속에서도 온전히 집중하는 사람은 무의식중에 '한 번 들이쉬고 두 번 내쉬기', 즉 '1:2 호흡법'을 한다. 이렇게 하면 자율신경이 무척 높은 상태로 안정을 유지하기 때문에 주위 상황을 정확하게 파악해서 세밀한 작업을 의도대로 진행할 수 있다.

1:2 호흡법은 무척 간단하다.

① 3~4초간 코로 숨을 들이마신다.
② 6~8초간 입을 오므리고 입으로 천천히 숨을 내뱉는다.
③ 이것을 5~7회 반복한다.

숨을 내뱉을 때는 최대한 천천히 길게 하려고 노력해야 한다. 그러면 목 부분에 있는 압력 수용체(baroreceptor)가

반응해서 부교감신경을 효과적으로 높일 수 있다.

코 호흡과 입 호흡 중에서는 코 호흡을 추천한다. 코 호흡을 하면 코 안에 있는 점막과 털 등 물리적 장애물이 공기 중의 먼지와 병원체를 걸러주기 때문이다. 또 건조한 공기에 알맞게 습도도 맞춰준다.

그리고 말을 내뱉을 때는 **최대한 톤을 낮추자.** 톤을 낮추면 턱이 내려가면서 자신의 발끝이 보이게 된다. 사람은 자신의 발이 보이지 않으면 말투도 마치 땅에서 발이 붕 뜬 것처럼 가벼워지기 쉽고, 반대로 자신의 발끝이 보이면 언행도 차분해진다.

인생이 걸린 중요한 승부를 펼칠 때는 '1:2 호흡법'을 유지하면서 낮은 톤으로 말해보자. 그렇게 하면 자연스럽게 자율신경이 바로잡혀 어떤 순간에도 자신의 능력을 충분히 발휘할 수 있는, 실전에 강한 사람이 될 것이다.

(6) 긍정적으로 말하기

'이럴 리가 없는데.'

'저 사람 때문에 실패했어.'

'왜 늘 나만?'

우리는 자주 후회와 원망, 질투심에 사로잡히곤 한다. 하지만 이런 감정을 입 밖으로 꺼내는 순간 자율신경이 크게 흐트러진다. 그때까지 마치 안개처럼 붙잡을 수 없던 불만이 말을 통해 구체적인 형태를 띠고 몸속에 머무르게 되기 때문이다. 그런 상황은 일반적으로 3~4시간 지속된다. 불평을 털어놓으면 왠지 속이 시원해지는 느낌이 들지만, 실제로는 그 이후로도 한동안 자율신경이 흐트러진 상태가 유지되어 일의 능률이 떨어진다.

그보다 더 나쁜 것은 동료끼리 모여서 불만을 털어놓는 행동이다. 불만을 가진 사람들끼리 모여 서로의 불만을 공유하면 묘하게 마음이 편해지는 느낌이 든다. 이를 '자율신경의 낮은 안정'이라고 하는데, 실제로는 동기부여가 잘 안 되고 컨디션도 무너지기 쉬운 최악의 상태이다.

자율신경을 바로잡으려면 예기치 못한 일이 일어나거나 불행이 닥쳤을 때도 불평하지 않고 '이미 일어난 일을 어쩌겠어. 앞으로 잘하면 되겠지' 하고 받아들이며 의식적으로 긍정적인 말투를 쓰는 것이 중요하다.

내가 속한 준텐도대학에는 우수하고 존경할 만한 의사가 아주 많은데, 그들의 공통점은 부정적인 말을 내뱉지 않는다는 것이다. 천황의 집도를 맡았던 아마노 아쓰시 선생도 그런 명의 중 한 사람이다. 나는 아마노 선생이 조직에 대한 불만이나 타인에 대한 질투, 비난 등 부정적인 말을 입에 담는 모습을 한 번도 본 적이 없다.

긍정적인 말을 쓰는 것은 감정을 음에서 양으로 바꾸는 작업이다. 부정적인 감정에 얽매여 분노와 불안, 긴장 상태에 있다 하더라도 의식적으로 긍정적인 말투를 쓰면 부교감신경을 높일 수 있다. 그런 식으로 계속해서 긍정적으로 말하려고 노력하다 보면 점점 자율신경의 균형이 바로잡혀 어떤 상황에서도 안정적인 말투를 쓰게 된다. 이것이 바로 우울할 때일수록 더 긍정적으로 말해야 하는 이유이다.

(7) 상대방의 예상을 깨뜨리기

긍정적인 말을 쓰는 것이 중요하다는 것을 알더라도 막상 실천하기는 쉽지 않다. 불쾌한 일을 겪었는데도 기분을 밝게 유지하는 것은, 교감신경이 더 높은 상태에 익숙한 현대인에게는 몹시 어려운 일이다.

그럼 기분이 상하거나 불쾌한 일을 겪었을 때 어떻게 하면 자율신경의 균형을 회복하는 말투를 쓸 수 있을까? 이럴 때는 바로 상대방의 예상을 깨뜨리는 것이 효과적이다.

예를 들어 아내가 "왜 옷을 벗어놓기만 하고 정리를 안해? 빨리 치워!" 하고 따졌다고 가정해보자. 이때 아내는 화가 나서 자율신경이 이미 망가져 있는 상태이다. 갑자기 아내의 말을 들은 남편도 자율신경이 흐트러진다. 그래서 "알았어! 왜 그렇게 잔소리를 해?" 하고 뚱하게 대꾸하면 서로더욱 기분이 상해서 자율신경의 균형이 점점 더 흐트러진다. 이렇게 되면 사소한 일이 불씨가 되어 큰 싸움이 일어나도 이상하지 않다.

하지만 만약 이때 "제, 가, 정, 말, 잘못했습니닷!" 혹은 "오키!" 등 조금 장난스러운 말투를 섞어 대답하면 어떨까? 상대방으로서는 예상하지 못한 반응이기 때문에 순간 말문이 막힐 것이다. 이처럼 사람은 상대방이 자신이 예상하지 못한 방향으로 공을 되받아쳤을 때, 그 공을 주우러 가는 사이에 화가 조금씩 가라앉는다.

물론 이런 농담 섞인 말투를 쓸 때는 상대와의 관계성을 고려해야 한다. 만약 상사에게 혼나고 있는데 농담으로 받아친다면 화만 더 키울 테니까 말이다.

하지만 친밀한 관계에서는 이렇게 '상대방의 예상 깨기'

가 무척 효과적으로 작용한다. 자기도 모르게 무신경한 말을 내뱉어서 동료나 가족과 말다툼이 끊이지 않는 사람이라면 꼭 이 방법을 시도해보기 바란다. **화에 지배당한 상황일수록 유머감각을 발휘해야** 자신과 상대방의 자율신경이 바로잡혀서 시간 낭비와 에너지 낭비를 막을 수 있다.

⑻ 먼저 칭찬하기

조직에서 일하다 보면 후배를 혼내야 하는 상황이 찾아온다. 이때 화가 난 당신 주변에는 조마조마한 분위기가 감돌고 있으리라. 하지만 "무슨 일을 이따위로 하는 거야!" 하고 갑자기 큰 소리로 화내서는 곤란하다. 화낼 상황이라도 일단 잘한 것부터 칭찬해주자. 그런 다음에 잘못된 점을 지적하는 것이다. 그렇게 하면 당신은 자신을 둘러싼 아슬아슬한 분위기를 털어낼 수 있고, 그와 동시에 '어떡해, 혼날 것 같아' 하고 잔뜩 긴장하고 있던 상대방의 분위기까지 바꿀 수 있다.

원래 화내는 것의 목적은 상대방이 반성하게 만드는 데에 있다. **상대가 정말 반성하게 만들려면 호통을 치는 것은 별 도움이 안 된다.** 갑자기 호통을 치면 상대방은 순간 당황하고 긴장해서 냉정하게 받아들이지 못한다. 먼저 상대방이 받아들일 자세를 갖추게 한 뒤 잘못을 지적해야 상대도 무엇을 잘못했는지 인식하고 제대로 반성할 수 있다.

스포츠에서도 마찬가지이다. 선수가 실패했을 때 감독이 "왜 그걸 못하는 거야?" 하고 화내는 것과 "좀 전의 플레이는 최고였어. 하지만 지금은 너답지 않았어. 왜 그랬던 거야?" 하고 말하는 것은 선수의 동기 부여에 서로 다른 영향을 미친다.

후자의 말을 들은 선수는 일단 칭찬을 받았기 때문에 부교감신경이 높아지고 혈류가 좋아져서 자율신경의 균형이 바로잡힌다. 그 결과 운동 수행 능력이 올라가 자신의 실력을 유감없이 발휘할 수 있다. 반대로 전자의 경우는 혼나면서 '또 실패하면 어쩌지?' 하는 부정적인 생각에 휩싸이게 되고, 혈류가 악화되어 계속 실수를 범하게 된다.

⑼ 쓸데없는 상상 하지 않기

우리의 몸은 생각보다 자주 상상의 지배를 받곤 한다.

이를테면 고소공포증이 그렇다. '여기서 떨어질지도 몰라' 하고 미리 상상하는 바람에 심장이 쿵쾅거리고 두 다리가 굳어버린다. 하지만 상상하지 않으면 냉정을 유지할 수 있다.

말투 역시 마찬가지이다. 말하기 전에 '이렇게 말하면 싫어하지 않을까?', '이런 질문을 하면 무식하다고 생각하지 않을까?' 등 이런저런 상상을 하면 할수록 몸이 굳고 볼이 새빨개지고 입술이 바짝바짝 마른다. 괜한 상상을 하는 바람에 계속 부정적인 생각이 떠올라 점점 자율신경의 균형이 무너지고 마는 것이다.

물론 '이렇게 말하면 상대방이 싫어할지도 몰라' 하며 상대방을 배려하는 태도를 갖는 것은 필요하다. 또 예상되는 질문에 대한 답을 준비하는 것도 중요하다. 하지만 배려와 괜한 상상은 완전히 다르다. 혼자 부정적인 상황을 상상해서 하고 싶은 말을 제대로 못하거나 엉뚱한 말실수를 자주 한다면, 말을 꺼내기 전에 '괜한 상상을 하지 말자'라고 속으로 다짐해보자. 이 간단한 방법만으로도 자율신경이 안정을 찾아 말로 인한 실수를 상당 부분 줄일 수 있다.

⑽ 먼저 말하지 않기

'말투에 대해 충고하면서 먼저 말하지 말라니 이상해' 하고 생각할지도 모르겠다. 우선 내가 이렇게 생각하게 된 이유부터 설명하겠다.

예전의 나는 수다쟁이여서 안 해도 될 말까지 했다가 실수하는 경우가 많았다. 분위기에 취해 내가 먼저 시답잖은 이야기를 꺼내고, 흐름이 좀 이상해진다고 느끼면 그것을 모면하기 위해 더 열심히 떠드는 식의 나쁜 패턴을 반복해왔다.

그래서 나는 '먼저 말하지 않기'라는 규칙을 세웠다. 지금은 주위 상황을 유심히 살펴서 내가 설 위치를 파악하고, 상대방이 어떤 질문을 던지면 거기에 대답하는 스타일이다. 그래도 회의를 하다 보면 '뭔가 한마디 해주고 싶다'는 생각이 드는 순간이 있지만, 말하지 않고 상황을 좀더 지켜보다가 '아, 그렇구나. 괜한 소리를 꺼내지 않아서 다행이다' 하며 안심한 적이 수없이 많다. 이 규칙을 지키기 시작하면서 말을 많이 하는 것이 곧 자신의 존재를 어필하는 것은 아니라는 사실을 깨달았다.

말을 적게 해도 존재감이 강한 사람이 있다. 지금은 고인이 된 배우 다카쿠라 켄이 그 대표적인 인물이다. 평소 과묵했지만 이따금 던진 묵직한 한마디가 사람들의 마음에 오래도록 남았다. 그는 먼저 말하지 않음으로써 상황을 정확하게 파악했고, 사려 깊은 말투를 사용해서 사람들에게 강한 인상을 남겼다.

'먼저 말하지 않기'라는 규칙을 지키면 '상대방이 알아서 좋게 생각하게 만든다'는 장점도 있다. 말로 표현하지 않으면 내 뜻이 전해지지 않는다고 생각하기 쉬운데, 상대방이 리액션을 원할 때 "그렇군요" 하고 가볍게 대답하면 상대방은 자기에게 좋은 쪽으로 해석하게 된다.

이런 식으로 상대방이 질문했을 때만 대답하려고 노력하다 보면, 어느 순간 상황을 정확하게 파악해서 실수 없이 적절한 말투를 사용하게 된다.

4장

천천히 말하면
분위기가 바뀌고,
인생이 달라진다

천천히 말하기는
누구나 금방 따라 할 수 있는,
모든 일이 술술 풀리는 비결이다.

천천히 말하면
마음에 여유가 생긴다

　나는 원래 성미가 급하고 말이 무척 빠른 사람이었다. 하지만 어떤 만남이 그런 나를 변화시켰다.

　내게 천천히 말하기의 중요성을 일깨워준 사람은 현재 나와 함께 자율신경을 연구하는 유키시타 다케히코 선생이다. 그는 준텐도대학 의대 6학년 때 럭비 시합 도중 경추가 골절되는 바람에 목 아래가 마비되었다. 그전까지만 해도 성적도 우수하고 럭비 실력도 좋아서 그야말로 순풍에 돛 단 인생이었는데, 불운한 사고를 만나면서 임상의가 되는 길이 막히고 말았다.

　나는 그에게 우리 팀의 자율신경 연구에 참여하지 않겠느냐고 제안했고, 그 역시 흔쾌히 받아들였다. 그는 논문 하나를 쓸 때도 자판을 하나하나 입으로 눌러야만 했다. 다른 사람 같으면 얼마 버티지 못하고 좌절했으리라. 하지만 그는 단 한 번의 불평 없이 계속 노력했고, 늘 온화한 미소로 천천히 말했다.

그런 그를 보면서 나는 큰 충격을 받았다. 그때까지 나는 사소한 일에도 따발총을 쏘듯이 빠르게 말하며 스태프에게 화내고, 혼자 초조해하다가 또 버럭 성질을 내는 악순환을 거듭했기 때문이다.

'유키시타 선생이 따뜻한 미소를 잃지 않는 건 느릿느릿한 말투와 상관있지 않을까? 천천히 말하면 마음에 여유가 생기고, 감정 조절이 가능할지도 몰라.'

이런 가설을 세운 나는 그때부터 천천히 말하기로 결심하고 실천했다.

이를테면 직원이 실수하더라도 버럭 화내고 싶은 마음을 꾹 참고 일부러 천천히 말하는 것이다. 그러자 나도, 상대방도 마음이 차분해져서, 이미 일어난 실수에 냉정하게 대처할 수 있었다. 지금 생각해보면 이것이 내가 말투와 자율신경의 관계에 대해 본격적으로 관심을 갖게 된 계기였던 것

같다.

　느린 말투의 효과를 실감한 나는 직장에서뿐만 아니라 가족과 친구, 지역사회 등 언제 어디에서 누굴 만나도 천천히 말하려고 노력한다.

　천천히 말하기는 누구나 금방 따라 할 수 있고, 모든 일이 술술 풀리는 핵심 비결이다.

경험이 풍부한 명의는
천천히 말한다

이른바 명의 중에 말이 빠른 사람은 찾아볼 수 없다.

예를 들어 일 분, 일 초를 다투는 긴급한 수술 현장에서는 누구나 긴장되고 초조해지기 쉽다. 이럴 때 명의는 "자~, 어디 한번 볼까요~?" 하며 천천히 말한다. 그럼 나머지 의료진들도 '아~. 그 정도로 힘든 수술은 아닌가 봐' 하는 생각이 들면서 마음이 차분해진다. 힘겨운 사투를 벌일 것 같던 분위기가 자취를 감추고 편안한 기운이 감돌기 시작하는 것이다.

경험이 풍부한 명의는 자신이 말을 빨리 하면 주위 사람들의 마음이 급해지고 그것이 실수로 이어진다는 사실을 잘 안다. 생명이 걸린 수술 현장에서 무심코 저지르는 실수는 절대 용납할 수 없다. 그러므로 아무리 급하더라도 천천히 말해서 그곳에 있는 모든 의료진의 자율신경을 안정시키려고 노력한다.

나는 대기업 CEO들과 대화를 나눌 기회가 꽤 많은데, 지켜본 바로는 그들 역시 대부분 말이 느리고 정중하다. 주식회사 사이버 에이전트(Cyber Agent, Inc)의 후지타 스스무 대표도 그중 한 사람이다.

다만 일반적으로 IT기업의 젊은 경영인들은 몹시 정열적이어서 말이 빠른 사람도 있다. 하지만 그런 사람은 자기도 모르는 사이에 피로가 쌓이고 있다고 볼 수 있다.

남성은 대체로 30세를 기점으로 부교감신경의 작용이 떨어지기 때문에, 자율신경의 균형이 무너지면 피로가 쌓이고 판단력이 흐려져 중요한 순간에 자신의 진짜 능력을 발휘하기가 어렵다. 그런데 후지타 대표는 언제 어디서 만나든 항상 느린 말투를 유지한다. 요즘 같은 치열한 경쟁 상황에서 사이버 에이전트가 두각을 나타내는 것에 후지타 대표의 느린 말투가 기여하고 있다고 나는 생각한다.

천천히 말하면
회의에서 실수하지 않는다

회의나 프레젠테이션을 할 때 당신은 어떤 식으로 말하는가? 자기 생각을 전달하기 위해 열성적으로 빠르게 말하지 않는가?

평소 친구와 대화를 나눌 때는 빨리 말하는 편이 아닌데 회의 같은 긴장된 자리에만 가면 자기도 모르게 말이 빨라지는 사람이 많다.

우리의 호흡은 마음이 차분할 때는 1분에 평균 15~20회 정도 유지되지만, 긴장하면 1분에 20회가 넘는다. 이렇게 호흡이 얕아지면 저산소 상태에 빠지고 두뇌회전이 느려져 부적절한 말투가 나오기 쉽다.

반면 천천히 말하면 깊은 호흡을 할 수 있다. 그러면 혈관이 확장되어 말초까지 혈류가 고루 흐르기 때문에 몸과 마음이 모두 편안해지고 말 때문에 실수하는 일이 확연히 줄어든다.

또 깊은 호흡을 유지하면서 천천히 말하면 말이 입 밖으로 나가기 전에 한 번 더 머릿속으로 내용을 곱씹어서 적절한 말로 변환할 여유가 생긴다. 이런 방식으로 말하면 발언의 요지를 깔끔하게 정리할 수 있어서 간결하고 이해하기 쉬운 말투를 쓰게 된다. 물이 가득 든 컵을 급하게 들면 물을 흘리기 쉽지만, 천천히 들면 흘리지 않는 것과 같은 이치이다.

천천히 말하면
신뢰를 줄 수 있다

천천히 말하면 말로 인한 실수가 줄어드는 것은 물론 이야기에 설득력이 생긴다. 자신감이 없어도 자신만만해 보이고, 내용이 다소 빈약해도 그럴듯하게 느껴진다. 다시 말해서 주위를 컨트롤할 수 있게 된다.

일본 자유민주당의 이시바 시게루 의원이 그 전형적인 인물이라고 생각한다.

그는 말이 몹시 느리다. 잘 들어보면 지극히 평범한 내용인데 느릿느릿 말하기 때문에 묘하게 설득력 있게 들린다. 정치가는 실언을 하는 경우가 많은데 이시바 의원은 그런 실수가 거의 없다. 그 주된 이유는 천천히 말하기 때문이 아닐까?

프레젠테이션이나 면접 등 말하는 것이 중요한 자리에서는 천천히 말하기가 더욱 효과적이다. 방법은 간단하다. 처음에 의식적으로 천천히 말하면 그 뒤로도 계속 느린 페이스를 유지할 수 있다. 반대로 도입이 빠르면 교감신경이 더 높아져 긴장하게 되고 점점 더 말이 빨라지게 된다. 자율신경에는 계속성이라는 성질이 있어서 처음에 차분히 시작하면 말하는 동안 자율신경이 안정되어 설득력 있는 말투를 쓸 수 있게 된다.

또 신기하게도 자신감이 없어서 장황하게 빨리 말할수록, 듣는 사람이 그 발언의 약점을 잘 알아차린다. 아마 말이 빠르고 장황하면 상대방의 교감신경을 자극해 안테나를 민감한 상태로 만들기 때문인 듯하다. 반대로 천천히 말하면 상대방의 부교감신경을 높여서, '이 사람은 신뢰해도 되겠어' 하고 느끼게 만든다.

천천히 말하면
말이 감정에 휘둘리지 않는다

우리는 말할 때 질투와 자존심, 분노, 기쁨, 슬픔 등 다양한 감정에 쉽게 휘둘린다.

예를 들어 화가 나서 소리치는 상황을 상상해보자. 시간이 흐를수록 분노라는 감정이 더욱 커져서 더 무섭게 고함을 지르거나 물건에다 대고 화풀이를 하는 등 감정 조절을 할 수 없게 된다. 말도 점점 더 거칠어질 것이다.

그런데 천천히 말하면 말이 감정에 휘둘리지 않는다. 말을 내뱉기 전에 감정을 배제하는 여유가 생기기 때문에 기쁨, 분노 등의 특정한 '옷'을 입지 않게 된다. 어떤 색으로도 물들지 않은 평상심을 유지한 말투를 쓸 수 있게 되는 것이다.

예컨대 아나운서가 뉴스를 전달할 때는 천천히 또박또박 말한다. 천천히 말하면 의견의 찬반이 갈라지는 민감한 뉴스를 전달해도 아나운서가 어떤 감정을 가졌는지 파악할 수 없다. 반면 아나운서가 의식적으로 천천히 말하지 않고 평소의 말투를 사용한다면 어느 순간 말이 감정과 얽히면서, 아나운서의 생각이 노출되고 만다.

그래서 '왜 저 뉴스를 기쁜 투로 전달하는 거야?', '어째서 이렇게 혁신적인 내용을 시시하다는 투로 말하는 거지?' 하고 시청자가 뉴스를 불신하게 될 것이다.

뉴스를 진행하는 아나운서가 느린 말투를 쓰는 것은 알아듣기 쉽게 전달하려는 목적도 있지만, 이렇게 감정을 배제하기 위한 이유도 있다.

천천히 말하면 감정을 지울 수 있다

천천히 말해요.

희 로
애 락

말을 내뱉기 전에
감정을 배제하는 여유가 생긴다.

천천히 말하면
좋은 목소리가 나온다

　좋은 목소리는 상대방의 마음을 편안하게 만들어서 자율 신경의 균형을 바로잡는 작용을 한다. 일본 심야 라디오 음악 방송 '제트스트림(JET STREAM)'의 초대 디제이였던 조 타츠야가 그 대표적인 예이다. 그의 느긋한 말투는 신기한 매력이 있어서, 듣고 있으면 마음이 편안해지고 계속 듣고 싶어진다.

　물론 사람마다 목소리가 다르고 그 나름대로 개성과 매력을 갖고 있다. 허스키한 사람이 있는가 하면 간드러진 사람도 있다. 하지만 목소리가 달라도 '천천히 말하면 좋은 목소리가 나온다'는 사실은 같다.

내가 예전에 라디오에 출연했을 때 목소리가 좋다고 칭찬받은 적이 있는데, 평소와 무엇이 달랐는지 곰곰이 생각해보니 평소보다 말을 느리게 했다는 사실을 깨달았다. 이처럼 천천히 말하면 평소와 같은 음색인데도 불구하고 좋은 목소리라는 인상을 심어줄 수 있다. 왜 그럴까?

어떤 목소리가 좋은 목소리인지 판단하는 쪽은 듣는 사람이다.

느리게 말하면 듣는 이의 자율신경의 균형이 바로잡히기 때문에 같은 목소리를 두고 '좋은 목소리'라고 인식하게 된다. 반면 빠른 속도로 쉴 새 없이 말하면 듣는 이의 자율신경이 흐트러져서 좋은 목소리라고 인식하기 어렵다. 오히려 불편하고 부담스럽게 들리기 쉽다.

따라서 중요한 회의나 프러포즈 같은 '이때다 싶은 순간'에는 반드시 '천천히 느긋하게' 말해야 성공할 수 있다.

천천히 말하면
활력이 생긴다

천천히 말하기의 장점은 그 외에도 많다. 천천히 말하면 자연스레 호흡이 깊어지므로 말초 세포 하나하나에까지 산소와 영양분이 골고루 공급된다. 그래서 신체적·정신적으로 능률이 올라가는 것은 물론이고 피부와 머리카락 등 겉모습에도 생기가 돈다.

사람은 나이를 먹으면 기억력이 떨어지고 쉽게 피로를 느끼게 되는데, 사실 이러한 현상은 나이보다 '흐트러진 자율신경'이 원인일 때가 많다. 자율신경이 흐트러지는 바람에 말초 세포까지 혈액이 돌지 못하기 때문이다.

따라서 천천히 말함으로써 몸속 구석구석까지 혈액을 보

내면 사고력, 판단력, 기억력, 집중력 등 두뇌 기능이 활성화되고, 긍정적인 마음, 도전정신과 용기, 매끈한 피부, 윤기가 흐르는 머리카락, 쉽게 지치지 않는 몸 등 젊음의 특징들을 되찾을 수 있다.

요컨대 자율신경과 건강은 밀접한 관련이 있고, 자율신경의 균형을 유지하는 것만으로도 젊고 건강한 신체를 만들 수 있다는 것이다. 그중에서도 천천히 말하기는 가장 쉬우면서도 효과적인 방법이다.

인간의 신체는 우리가 생각하는 것보다 훨씬 더 신비롭고 변화무쌍하다. 안티에이징을 위해 많은 돈을 들여 관리해온 사람도 엄청난 스트레스나 큰 충격을 받아 자율신경의 균형이 깨지면 한순간에 몇 년은 더 나이 들어 보이게 된다. 반대로 별다른 노력 없이 자율신경을 일정하게 유지하는 습관을 갖는 것만으로도 젊고 생기 있는 외모를 유지할 수 있다.

그러니 지금부터라도 밑져야 본전이라는 마음으로 천천히 말하기를 실천해보면 어떨까? 돈도 들지 않고 특별한 기술이 필요한 것도 아니다. 그러나 그 효과는 당신이 생각하는 것보다 훨씬 더 클 것이다.

천천히 말하면
밀당의 고수가 된다

　남자의 마음을 훔치는 매력적인 여성은 다들 말을 느리게 하는 특징이 있다. 드라마에 나오는 팜므파탈도 말이 느린 경우가 많다.

　천천히 말하는 여성이 인기 있는 이유 중 하나는 우아한 인상을 주기 때문이다. 신나서 재잘재잘 말하는 여성은 활기차 보여서 좋지만, 가볍다는 느낌이 든다. 하지만 천천히 말하는 여성은 신뢰감을 주면서도 은근한 관능미와 요조숙녀 같은 우아함을 발산한다.

　남성도 마찬가지이다. 천천히 느긋하게 말하는 남성은 중후하고 젠틀한 인상을 주고 쉽게 신뢰를 얻는다.

천천히 말하는 사람이 매력적인 또 다른 이유는 느리게 말하면 호흡이 깊어져 자율신경의 균형이 바로잡히기 때문이다. 자율신경이 균형을 이루면 절묘한 타이밍에 맞장구를 치거나 화제를 넓혀나감으로써 대화를 리드할 수 있다. 그러면 상대방은 마음이 편안해지고 어느새 대화에 푹 빠지게 된다. 자신도 모르게 '그 사람과 말하면 왜 기분이 좋아지지?' 하고 생각하게 되는 것이다. 이것이 바로 대화를 기분 좋게 이끌어가는 비결이다.

반대로 자율신경의 균형이 흐트러져 있으면 대화를 잘 이어나갈 수 없다. 교감신경이 너무 높으면 자기중심적으로 대화를 이끌어가게 되어 상대방이 질리기 쉽고, 부교감신경이 너무 높으면 맞장구칠 타이밍을 놓쳐 대화에 탄력이 붙지 않는다.

요컨대 천천히 말하면 밀 때는 밀고 당길 때는 당기는, '밀당의 고수'로 변신할 수 있다.

천천히 말하려면
천천히 말하기를 의식해야 한다

"천천히 말하고 싶지만 나도 모르게 말이 빨라진다."

이렇게 하소연하는 사람이 많을 것이다.

천천히 말하려면 평소 늘 천천히 말하기를 의식하는 수밖에 없다.

우리는 평소 무의식 속에서 살아간다. 예를 들어 파란 넥타이를 갖고 싶다고 생각하면 자꾸 파란 넥타이를 맨 사람이 눈에 들어오고, 다이어트를 해야겠다고 생각하면 군살이 없고 날씬한 사람이 유독 많은 것처럼 느껴지지 않는가?

물론 며칠 사이에 갑자기 파란색 넥타이를 맨 사람이 많아졌거나 날씬한 사람이 늘어난 것이 아니다. 단지 그때까지 의식하지 못하다가, 대상을 의식한 순간 비로소 그것이 눈에 들어오게 된 것이다.

이처럼 우리는 무의식 속에서 하루하루를 살다가 대상을 의식하는 순간 비로소 상황을 파악하게 된다.

이를 바꿔서 말하면, 목표를 분명하게 의식한다면 원하는 결과를 얻을 수 있다는 뜻이다. 지금까지 대화 중에 자기도 모르게 말이 빨라지곤 했다면, 이제부터라도 '천천히 말하자' 하고 늘 의식해야 한다. 이를 꾸준히 실천하다 보면 반드시 천천히 말할 수 있게 된다.

천천히 말하겠다고 의식하는 것이야말로 천천히 말하기로 이어지는 지름길이다.

5장

인간관계가
술술 풀리는 말투

―――――――――――――

먼저 "알겠습니다" 하고
대답하면
인간관계가 술술 풀린다.

초진 환자에게는 사는 곳에 대한 이야기부터 시작한다

비즈니스 미팅이나 접대, 영업 등을 목적으로 다른 사람과 대화할 때가 있다. 그런데 첫 만남에서 만족스러운 대화를 나누기는 무척 어렵다. 그중에서도 진료실이라는 공간은 더 독특하다.

일단 진료실을 찾아오는 사람은 육체적으로나 정신적으로 불편을 겪고 있어서 마음이 온통 불안으로 가득하다. 그래서 대부분 자율신경의 균형이 무너져 있다.

또 환자는 의사를 '선생님'이라고 부르기 때문에 저절로 상하 관계가 형성된다. 처음 만나는 '선생님'에게 자기 생각을 자유롭게 말할 수 있는 사람은 많지 않다. '이따금 머리도 아픈데, 별로 상관없으려나' 하고 자신의 증상을 알리기를 망설인다거나 너무 긴장한 나머지 '이건 꼭 말해야 해!' 하고 마음먹은 것도 깜박 잊고 말하지 않는 경우가 많다. 그래서 의사가 "두통이 있나요?" 하고 물어야 비로소 "네, 가끔" 하고 대답하는 식으로, 일방통행 같은 대화가 펼쳐지기 쉽다.

하지만 의사와 환자 사이에 상하 관계 같은 것은 당연히 존재하지 않는다. 의사의 의무는 환자의 병명을 정확하게 알아내서 가장 좋은 치료법을 제시하는 것이다. 그리고 이를 위해 절대 빼놓을 수 없는 것이 바로 문진이다.

눈으로 보고, 귀로 듣고, 손으로 만져보아도 뚜렷한 원인을 알 수 없을 때 문진으로 병명의 힌트를 얻는 경우가 무척 많다. 문진할 때는 환자가 편안한 마음으로 이야기할 수 있는 분위기를 만드는 것이 무엇보다 중요하다. 그래서 나는 초진 환자를 만날 때 가장 먼저 이런 말을 꺼낸다.

"오늘 멀리서 오시느라 힘드셨겠네요."

진료 기록 카드에 적힌 주소를 보면서 병과 상관없는 이야기부터 꺼내는 것이다. 가까운 동네에서 오신 분께는 "집이 근처라 오시기 편하죠?" 하고 질문을 바꿔서 물어보면서, 어쨌든 반드시 사는 곳과 관련된 이야기부터 시작한다. 그러면 환자도 온통 병에 대해 생각하다가 순간적으로 다른 주제에 대해 생각하게 되어 한결 편안해한다. 그래서 "그러고 보니 머리도 가끔 아파요" 하며, 먼저 적극적으로 증상을 말하게 된다.

처음 만나는 사람과의 대화 주제는 날씨와 사는 지역이 가장 좋다. 이런 주제는 대화를 원활하게 이끄는 윤활유가 된다.

"힘내세요"가 아니라
"무리하지 않아도 괜찮아요"

　주변 사람을 두루 잘 살펴서 얘기하지만 생색내기를 좋아하는 사람과 진정한 배려가 몸에 밴 사람은 어떤 차이가 있을까?

　사람은 '주변 시선'에도 상당한 스트레스를 느낀다.

　예를 들어 자신이 만들어준 음식을 다 먹지 못하는 상대에게 이렇게 말했다고 해보자.

　"남겨도 괜찮아요."

　물론 친절한 말투이다. 상대방이 음식을 다 먹지 못한다는 것을 알아차리고 신경 쓰지 않아도 된다는 마음을 전하고 있다.

하지만 상대방은 '결국 음식을 남긴 모습을 보이고 말았네' 하는 생각에 미안하고 민망한 기분이 들기도 한다.

그럴 때는 이렇게 말하면 어떨까?

"무리하지 않아도 괜찮아요."

자신이 음식을 남긴 입장이라면, 이런 말을 들었을 때 마음이 더 편하지 않을까?

마찬가지로 열심히 노력하는 사람에게 "힘내!" 하고 말하는 것도 아쉬운 실수이다. 굳이 그런 말을 듣지 않아도 상대방은 이미 힘을 내고 있기 때문이다.

예를 들어 암투병 중인 환자들은 수술로 인한 통증이나 항암제 부작용 등을 견디며 있는 힘을 다해 치료를 받게 된다. 아무리 치료해도 쉽게 좋아지지 않고 매일 힘들고 괴로워도 조금이나마 빨리 회복하기 위해 이미 열심히 '힘을 내고' 있다.

이런 사람에게 "힘내" 하고 말하는 것은 오히려 주지 않아도 될 스트레스를 줘서 자율신경의 작용을 흐트러뜨리고, 회복을 더디게 만든다.

이럴 때 나는 "무리하지 않아도 괜찮아요" 하고 말해준다. 힘내려고 애쓰고 있는 사람은 스스로 감정을 고무시키기 때문에 교감신경이 부교감신경보다 더 높은 위치에 있다. 그래서 부교감신경을 높이는 말투를 써야 자율신경의 균형이 바로잡힌다.

이처럼 사소한 말투로도 '생색내기'와 '진정한 배려'로 평가가 엇갈리게 된다.

자이언츠에게 대역전의 빌미를 준 잘못된 말투

"저 사람은 분위기 파악을 못 해."

"말하는 걸 들어보니, 아무것도 모르는군."

혹시 이런 말들을 자주 듣지 않는가?

평소 잘못된 말투를 사용하면 주위로부터 낮은 평가를 받게 된다. 뿐만 아니라 상대방의 화를 돋워 자신도 모르게 손해를 보는 경우도 생긴다. 이와 관련된 유명한 에피소드가 있다.

1989년 일본 시리즈 야구 경기 중에 있었던 일이다. 센트럴리그의 우승팀 요미우리 자이언츠와 퍼시픽리그의 우승팀 긴테츠 버펄로스(현재 오릭스 버펄로스_역주)의 시합이 있었는데, 다들 자이언츠의 압도적인 우세를 점쳤다. 하지만 막상 뚜껑을 열어보니 긴테츠가 3연승을 이어갔다. 이대로 계속 승리하나 싶었지만, 긴테츠의 투수가 한 발언이 자이언츠가 대역전하는 포석을 깔아주었다.

"거인은 롯데보다 약하다."

그해 퍼시픽리그에서 꼴찌를 기록한 롯데보다 거인(자이언츠)이 못한다는 발언이었다. 사실은 다른 취지의 발언을 매스컴이 슬쩍 바꿔서 보도했다고 하는데, 어쨌든 이렇게 잘못 전해진 말이 그때까지 기가 죽어 있었던 자이언츠 선수들의 투쟁심에 불을 붙였다. 그리고 3연패 후 4연승이라는 대역전극을 이뤄내게 만들었다.

그 말을 들을 자이언츠 선수들은 교감신경이 급상승해서 아드레날린이 대량으로 분비되었으리라. 하지만 만약 교감신경이 과도하게 높은 상태로 다음 경기를 치렀다면 자이언츠는 승리하지 못했을 것이다.

프로 운동선수들은 교감신경과 부교감신경이 모두 높은, 최고의 균형 상태를 유지해야 한다. 뇌와 온몸의 근육에 질 좋은 혈액을 보내서 냉정한 판단과 높은 능력을 발휘해야 하기 때문이다.

자이언츠 선수들에게 긴테츠 투수의 인터뷰는 3연패에 빠져 포기하려 했던 한심한 자신들을 객관적으로 되돌아보는 계기가 되었을 것이다. 그래서 냉정함을 유지한 채 자신들의 전력을 파악할 수 있었고, 자신감과 투쟁심이 상승해 교감신경과 부교감신경 모두 높은 최고의 상태가 되었을 것이다. 그 결과는 우승이었다.

스마트한 겸손이
성공의 비결

　내가 수많은 사람을 만나면서 느낀 가장 중요한 사실은 우수한 사람은 힘든 상황에서도 말투가 흐트러지지 않는다는 것이다.

　이들은 사람들이 뒤에서 다른 사람을 험담할 때에도 자신은 동참하지 않거나, 반대로 누가 자신을 치켜세워도 미움을 사지 않게 겸손한 태도를 유지하며 그 상황을 아주 잘 넘긴다.

　게이오대학 럭비부의 전 감독이었던 하야시 마사토가 바로 그 대표적인 사람이다. 그는 게이오의 사립 초등학교를 나온 이른바 엘리트 중의 엘리트인데도 잘난 척이라고는 전혀 찾아볼 수 없다. 그는 누군가 자신을 칭찬하면 언제나 이렇게 말한다.

"저는 그저 초보 수준입니다."

이런 태도에서 여유가 드러나고, 오히려 더 비범한 사람처럼 느껴진다. 조금 시샘하는 마음으로 하야시 감독을 치켜세운 사람도 이런 대답이 돌아오면 자신의 속 좁음을 부끄러워하게 된다. 그리고 그 순간 부정적인 감정으로 가득했던 분위기가 밝게 변한다.

어떤 상황에서도 겸손하게 대응할 줄 아는 사람은 상대의 마음을 잘 열어서 인맥이 넓고, 결국 성공하는 인생을 살 수 있다. 올바른 말투를 쓰면 한순간에 분위기가 바뀌고 인생이 달라진다는 것을 다시 한번 실감하게 된다.

부하직원의 업무 능력을
확 끌어올리는 말투

　말투를 가장 의식하는 곳은 바로 직장일 것이다. 상사와 부하직원 사이에 끼여서, 저쪽을 세워줄지 이쪽을 감싸줄지 머리를 쥐어 싸고 고민하는 사람이 많다. 특히 사회에서 어느 정도 경력을 쌓아 부하직원을 가르치는 위치가 되면 이럴 때 고민을 하게 된다. '왜 이런 것도 못 하는 걸까?', '내가 저 연차였을 때는 훨씬 더 잘했는데' 등 하고 싶은 말이 많아진다. 그 말을 그대로 다 내뱉어봐야 부하직원은 절대 성장하지 않는다. 오히려 답이 보이지 않는 미로로 부하직원을 내몰아서 업무 능률을 떨어트릴 뿐이다.

　자신이 햇병아리였던 시절의 감정을 떠올려보자. 상사가

갑자기 "어이, ○○씨!" 하고 이름만 불러도 '내가 무슨 실수라도 했나?' 하면서 가슴 졸이지는 않았는가?

부하직원은 늘 상사의 안색을 살핀다. 부하직원의 입장에서는 상사가 자신의 이름만 불러도 이미 스트레스를 받는 셈이다. 그러니 무의식중에 아무 때나 부하직원을 부르지 말자. 거기서부터 이미 스트레스가 시작된다. 말을 거는 시점에 '화내려고 부른 게 아니라는 사실'을 상대방이 알게 하는 것이 중요하다. 그렇게 하면 괜한 스트레스를 주지 않고 더 좋은 결과를 얻게 된다.

정말 혼을 내려고 부르는 게 아니라면, 일단 친근감 있는 말투로 부하직원을 부른다. 그러면 상대방도 긴장하지 않고 어떤 것이든 제대로 받아들일 준비를 하게 된다.

부주의한 말투가 상대방의 자율신경을 망가트릴 수 있다는 사실을 아는 사람은 별로 없다. 하지만 직장생활에서 상사와 부하직원 사이에서는 그럴 가능성이 아주 높다. 좋은 상사란 부하직원이 능력을 충분히 발휘할 수 있는 발판을 마련해주는 사람이다. 그러기 위해서는 괜한 스트레스를 주지 않도록, 말을 거는 단계부터 말투를 의식하는 것이 필요하다.

부하직원을 혼낼 때의
3가지 규칙

물론 직장생활을 하다 보면 부하직원을 혼내야 할 때가 있다. 혼내는 행위의 목적은 상대방이 같은 실수를 두 번 저지르지 않도록 반성하고 개선하게 만드는 데 있다. 그런데 세상에는 화내는 것 자체가 목적인 사람이 많다.

상대가 자신의 실수를 되짚어보고 개선하도록 만들려면 자율신경의 균형을 바로잡도록 도와주어야 한다. 그래야 냉정하게 잘못을 분석해서 대책을 마련할 수 있다. 또 근육의 긴장이 풀어지고 이완되어 세밀한 작업도 거뜬히 해낼 수 있게 된다.

반대로 자율신경의 균형이 무너진 상태에서는 아무리 혼

을 내도 그 말을 귀담아듣지 못한다. 긴장과 불안이 커져서 실수를 냉정하게 돌아볼 수 없는 것이다. 또 육체적·정신적으로 컨디션이 나빠져서 더 심각한 엉뚱한 실수를 저지를 수도 있다. 부하직원의 능력을 끌어올리려고 혼내는 것인데, 이래서야 본말전도가 아닌가.

따라서 꼭 혼내야 할 때는 부하직원이 자율신경의 균형을 유지할 수 있도록 다음 3가지에 유의해야 한다.

① 잘못했을 때 바로 혼내기
② 짧게 혼내기
③ 1대 1로 혼내기

①은 간단하다. 시간이 지난 뒤에 "그때 그 일 말인데……"하고 말하면 부하직원의 입장에서는 견디기 힘들 것이다. 나름대로 반성하고 마음을 정리했을 텐데, 실수를 다시 들춰내면 다시 침울해질 것이다. 이는 겨우 회복된 자율신경의 균형을 다시 흐트러뜨리는 행위이다.

②는 잔소리를 길게 늘어놓아 봐야 상대방의 상처에 소금을 뿌리는 짓일 뿐이라는 의미이다. 구체적인 해결책을

제시하는 것이라면 몰라도, "왜 이렇게 되어버린 거야?", "어떻게 좀 안 돼?" 등 누구나 할 수 있는 비판만 나열하는 것은 시간 낭비이며 상대방의 건강까지 해치는 쓸모없는 행위이다.

③이 특히 중요하다. 남들이 보는 앞에서 혼내는 것만큼은 절대 피해야 한다. 혼나는 것 자체가 이미 스트레스인데, 심지어 공개적으로 혼나면 더욱 긴장해서 더 큰 스트레스를 받게 된다. 그것이 원인이 되어 밤에 쉽게 잠들지 못하고 다음 날 아침에도 피로가 풀리지 않아 컨디션이 점점 더 나빠지는 건강상의 문제가 생길 수 있다.

부하직원의 정신 건강, 몸 건강을 지켜주는 것은 상사의 의무이다. 그리고 이는 말투만 신경 써도 얼마든지 가능한 일이다.

'화내기'와 '혼내기'를
혼동하지 말자

    부하직원이 실수했을 때 "왜 실수한 거야?" 하며 화만 내고는 혼냈다고 착각하지 않는가? 하지만 이는 단순히 일어난 사실을 비난한 것일 뿐이지, 혼낸 것과는 다르다. 혼내는 것은 상대방이 잘못한 점을 구체적으로 지적해서, 범위를 좁혀 반성할 수 있게 돕는 일이다.

    부하직원은 아직 업무 경험이 적기 때문에 두루뭉술하게 지적하면 잘못한 점을 찾아내지 못할 가능성이 있다. 그래서 오히려 혼내는 상사를 미워하거나 다른 핑계거리를 찾게 된다. 이런 방식으로는 서로 기분만 상할 뿐이지 발전하지 못하고 잘못을 반복하게 된다.

부하직원이 실수를 저지르면 먼저 **왜 그런 결과가 나왔는지 함께 생각해주자.** 그런 다음에 잘못한 점을 구체적으로 지적하자. 그렇게 하면 상대방은 범위를 좁혀 고민할 수 있고 시간 낭비 없이 자신의 실수를 깊게 돌아보고 반성할 수 있다.

또 함께 고민하는 자세를 보여주면, 부하직원은 '상사가 나에 대해 책임감을 느끼는구나' 하며 상사를 신뢰하게 된다. 그 감정은 '함께 열심히 노력해야지' 하는 동기 부여로 이어진다.

기운이 없어 보이는 직원에게 "컨디션은 좀 어때?" 하고 세심하게 관심을 가져주는 것도 중요하다. 퇴근하는 뒷모습을 보면 그의 컨디션이 어떤지 대충 짐작할 수 있다. 등이 굽었거나 발걸음이 무겁다거나 인사하는 목소리가 작다면 신경 쓸 필요가 있다.

컨디션이 나쁜 사람은 대체로 평소 말투도 부정적일 가능성이 높다. 부하직원의 말투만 잘 살펴도 팀 전체의 업무 능력과 효율을 높일 수 있다.

성장하는 사람은
명확하게 말하거나 과묵하다

　나는 스포츠 닥터로서 최고 기량의 선수들을 많이 만나왔는데, '이 사람은 성장하겠다' 하는 판단이 드는 유형은 다음 2가지였다.

　① 명확하게 말하는 사람
　② 과묵하고 인내심 강한 사람

　두 유형의 공통점은 무슨 말을 들었을 때 일단 "알겠습니다" 하고 대답한다는 것이다.
　하지만 그다음 대처는 다르다. ①번 유형은 "그런데 이 부분 말인데요" 하며 자신의 의견을 피력한다. 그렇다고 상대를 완전히 부정하는 것이 아니라 구체적인 상황에 대해 미리 확인해두는 것이다.

②번 유형은 "알겠습니다" 하고 대답한 후 묵묵히 실행에 옮긴다. 이런 사람은 가르쳐준 것을 그대로 받아들이기 때문에 착실하게 성장한다.

어중간한 태도가 가장 문제이다. 의견을 말했는데 "하지만" 하는 접속사부터 꺼내는 것이다. 그러면 말한 사람의 기분이 확 상한다. 진심을 담아 조언해줄 생각이 사라지기 때문에 듣는 사람의 입장에서 보면 성장할 힌트를 얻을 기회를 날려버리는 셈이다.

나는 '알겠습니다'라는 말이 무척 좋다고 생각한다. 무슨 말을 들으면 일단 "알겠습니다" 하고 대답하는 것이 인간관계를 원활하게 만드는 비결이다. 그런 다음 상황에 따라 자신의 의견을 피력하거나 상대의 의견에 따르는 것이다. 그러면 상대방과 더 깊고 발전적인 대화를 이어갈 수 있게 되고, 그 과정에서 자신도 성장하게 된다.

망설임을 끝내는 말,
"알겠습니다"

'알겠습니다'라는 말은 무척 편리하다.

속으로는 내키지 않더라도 상대에게 흔쾌히 받아들이는 인상을 주기 때문에 속마음을 들킬 염려가 없다. 또 "알겠습니다" 하고 대답함으로써 그때까지 했던 망설임을 깨끗이 끝낼 수 있다.

이를테면 내키지 않는 술자리를 제안받았을 때 당신은 뭐라고 대답하는가?

"그렇게 말해줘서 정말 기쁘지만……"으로 시작하기 쉬운데, 유감스럽게도 이 말은 일부러 덧붙였다는 느낌을 지울 수 없다. 또 "오늘은 일정이 있어서……" 하고 둘러댄다면 "그럼 언제 시간 돼?" 하는 말이 돌아올 수 있고, 거짓말 했다는 죄책감도 느끼게 된다.

나는 다양한 직업을 가진 사람과 친분이 있어서 이런저런 자리에 초대를 받는 편이다. 지난번에 어떤 사람과 대화를 나누다가 그다지 좋아하지 않는 뮤지션이 화제에 오르게 되었다. "선생님은 OO 씨를 좋아하시나요?" 하고 그 사람이 물어서 "아, 네, 뭐" 하며 대충 얼버무렸는데 그 사람이 해당 뮤지션의 콘서트 티켓을 선물하는 게 아닌가. '아뿔싸~' 하면서 어떻게 해야 할지 한동안 망설였지만, 그렇게 된 이상 티켓을 받고 콘서트에 갈 수밖에 없었다.

이 일로 내가 얻은 교훈은 모호한 말투로 결론을 유보하는 것은 쓸데없는 행동이라는 사실이다. 우물쭈물 망설이는 동안 계속 자율신경의 균형이 흐트러져 혈류가 악화된다. 고작 그런 일로 자신의 능률을 떨어트리는 것은 큰 손해이다. 어떻게 할지 망설여진다면,

"알겠습니다. 할게요."

이렇게 말하는 것이 가장 낫다.

"알겠습니다" 하고 받아들여 망설임을 끝내면 자율신경의 균형이 바로잡힌다. 또 그다지 내키지 않더라도 막상 해

보면 의외로 즐거운 일도 많다.

만약 정말 하기 싫고, 그 일로 얻는 이점이 하나도 없다고 생각된다면 모호하게 말하거나 대답을 유보하지 말고 분명하게 거절 의사를 밝히는 것이 낫다.

가장 나쁜 것은 결정하지 않고 망설이는 것이다. 망설이는 사이에 혈류가 나빠져서 작업 효율이 떨어지고 건강까지 상하게 된다. 괜히 질질 끌지 말고 확실하게 결정하는 것이 건강과 능률을 지키는 현명한 방법이다.

문제가 생겼을 때는
'마음이 놓이는 말투'로 말한다

거래처 직원이나 직장 상사에게 말을 할 때는 아무래도 평소보다 더 신경을 써야 한다. 특히 어떤 문제가 생겼을 때는 말투에 더 주의해야 한다. 긴급한 문제가 생겨서 상사에게 보고해야 할 상황이라면 당신의 자율신경은 이미 망가져 있을 것이다. 이럴 때는 '상사에게 어떻게 해야 할지 빨리 물어봐야 해' 하며, 마음만 앞서기 쉽다. 하지만 상사에게 문제를 상의하는 목적은 올바른 판단을 내리는 것이라는 사실을 잊어서는 안 된다. 단순히 빨리 판단을 내리는 것이 목적이 아니다.

이럴 때 사람들은 어떻게 할까?

"문제가 생겼습니다."

많은 사람들이 바빠서 시간이 없는 상사를 배려해서 바로 본론으로 들어간다.

결정권을 가진 위치에 있는 사람은 하루에도 몇 번씩이나 문제 상황에 직면하곤 한다. 그래서 어떤 상황에서도 빨리 대응할 수 있도록 교감신경이 부교감신경보다 지나치게 높은 상태일 가능성이 크다. 그럴 때 대뜸 "문제가 생겼습니다" 하고 말하면 상사는 마치 기습 카운터펀치라도 맞은 느낌이어서, 그 말을 들은 순간 기분이 확 다운되어버린다. 내용을 듣기도 전에 몹시 불안해져 냉정한 판단을 내리기 어렵다.

상사에게 문제를 상의하는 것은 정확한 판단을 구하기 위해서이다. 말하기도 전에 상사를 긴장하게 만들어서는 원하는 결과를 얻을 수 없다. '긴급사태니까 빨리 결단해야 해' 하는 식으로 자율신경이 작동해 답을 금방 찾을 수 있겠지만, 과연 그것이 올바른 판단인지는 의문이다. 내가 부하의 입장이라면 다음과 같이 말할 것이다.

"큰 문제는 없다고 생각합니다만, 이건 어떻게 할까요?"

언뜻 에둘러 말하는 것 같지만, 상사를 지나치게 몰아세

우지 않으면서 문제의 해결책을 구하는 것이다. 문제가 생겼을 때는 가능한 한 불안감을 조성하지 말고, 상대가 마음의 준비를 하고 난 뒤 말을 꺼내자. 그렇게 하면 자율신경이 바로잡혀서 올바른 판단을 내릴 수 있다.

일 잘하는 부하직원이란 상사가 편안한 상태에서 올바른 결정을 내릴 수 있도록 분위기를 만들 줄 아는 사람이다.

교섭을 유리하게
이끄는 말투

급할수록 천천히 주의 깊게 말하고,
부탁할 때는 200% 설명하고,
싫은 일은 단호하게 'NO' 라고 거절하고,
변명 없이 간결하게 사과하고,
억지로 밀어붙이지 않는다.

먼저 입을 떼는 쪽이
진다

　교섭은 자율신경의 균형이 흐트러진 사람들끼리 하는 싸움이다. 교섭할 때는 자신의 요구가 통하게 하려는 욕망, 자신을 잘 보이고 싶은 에고(ego) 등 인간의 번뇌가 소용돌이치고 있다. 근본적으로 쌍방이 모두 강한 욕망을 품기 때문에 아무리 냉정함을 유지하려 해도 자율신경이 흐트러지고 만다.

　당연한 말이지만 교섭은 자율신경의 균형이 바로잡혀 있는 쪽이 유리하다. 자율신경이 균형을 이루고 있으면 불리한 상황에서도 상대방의 태도에 따라 적절하게 대응하고 마음을 움직이는 말로 단숨에 상황을 역전시킬 수 있기 때문이다.

교섭을 시작한 직후에는 양쪽 다 자율신경이 망가진 상태이다. 따라서 승리의 관건은 둘 중 누가 먼저 흐트러진 자율신경을 바로잡느냐이다.

상대방보다 빨리 자율신경을 바로잡는 방법은 아주 간단하다. 상대방이 먼저 민감한 문제를 말하게 만드는 것이다. 상대방은 말하면서 흥분하게 되고, 교감신경이 더욱 높아져서 스스로 자신의 자율신경을 더 무너뜨리게 된다. 반면 당신은 상대의 이야기를 듣는 동안 자율신경의 균형을 되찾고 어떤 포인트에서 말을 꺼내면 되는지 파악할 수 있게 된다.

교섭은 타이밍이 생명이다. 상황을 분명하게 파악해서 '이때다' 싶을 때 단번에 승리를 거머쥐려면 일단은 말을 아껴야 한다. 상대가 먼저 말을 하게 만들어야 교섭을 유리한 방향으로 이끌어갈 수 있다.

'첫 번째에 30% 달성'을
목표로 삼기

계약이 걸린 중요한 교섭을 할 때 끈기 있게 버티는 것은 괜찮지만, 상대방에게도 정해진 예산이 있다. 그러니 영 가망 없어 보이는 상대를 붙잡고 교섭을 무리하게 이어나가는 것은 아무 의미도 없다. 쓸데없는 교섭은 서로의 시간과 노력만 잡아먹을 뿐이다.

이러한 낭비를 막기 위해서는 깔끔하게 포기할 수 있는 기준을 정해둘 필요가 있다. '세 번 시도해보고 안 되면 포기하기'. 나는 이 기준이 가장 좋다고 생각한다.

또 첫 번째 교섭 때 어느 선까지 성과를 거둘지도 미리 계산해두어야 한다. 이를테면 첫 번째 교섭에서는 전반적인 이야기를 나눈 후 '다음 교섭에서 서로 조건을 제시합시다' 하며 전체 목표의 30% 정도로 범위를 좁혀두는 것이다. 교섭에서 실패하는 원인 중 하나는 처음부터 너무 깊이 파고드는 것인데, 처음에 30% 정도만 달성하는 것으로 목표를 정해두면 그런 실패를 막을 수 있다.

이때도 시간을 질질 끌지 않고 명확하게 매듭을 짓는 것이 중요하다. 가장 좋은 방법은 다음과 같이 말하는 것이다.

"귀한 시간을 내주셔서 고맙습니다. 바쁘실 테니, 오늘은 여기까지만 하는 것이 어떻습니까?"

이렇게 상대방을 배려하며 상황을 분명하게 마무리 지으면, 기분 좋게 다음 교섭으로 이어질 수 있다.

교섭에서 승부는 세 번. 첫 번째 교섭 때 30%, 두 번째에 70%, 그리고 마지막에 100% 달성! 이것이 교섭의 황금 법칙이다.

급할수록 돌아가야
성공한다

몹시 급하게 처리해야 하는 일이 있거나 부하직원이 마무리해주었으면 하는 일이 있을 때, 당신은 어떻게 부탁하는가? 부하직원이 거절하지 못하게 말하는 것도 훌륭한 교섭에 속한다.

"야단났네. 이거 너무 급해서 그런데, 미안하지만 부탁 좀 하자!"

자기도 모르게 이렇게 말하기 쉬운데, 그리 권장할 만한 말투는 아니다.

부탁하는 쪽이 서두르는 모습을 보이면 그것으로 끝이다. 그 순간 그 일은 거의 실패로 끝난다고 해도 좋으리라.

'허둥거리는 모습을 보여서 급하다는 것을 전달해야 한다'고 생각할지도 모르지만, 이런 식으로는 오히려 역효과만 생긴다. 어차피 상대방도 할 일이 산더미처럼 쌓여 있는 상황이다. 이럴 때 부탁하는 사람이 허둥대면 '아니, 나한테 뭘 어떻게 하라는 거지?' 하고 상대방도 난처하게 되고 만다.

급한 일을 정확하게 해내려면 자율신경의 균형이 바로잡혀 있어야 한다. 따라서 이런 때일수록 일부러 더 느긋한 투로 부탁하는 것이 좋다.

"미안한데 말이야. 이 서류를 2시간 뒤에 제출해야 하거든. 가능할지 모르겠네. 그래도 할 수 있는 데까지 한번 해볼래?"

이렇게 말하면 대개 부탁받은 상대가 시간 안에 일을 잘 마무리해낸다. 부담감을 갖지 않으면서 일에 집중할 수 있기 때문이다. 급한 일일수록 정중한 말투로 천천히 부탁하는 것이 결국 일을 빨리 진행하는 비결인 셈이다.

부탁할 때는
200% 설명한다

누군가에게 부탁할 때는 언제나 상대가 내 의도의 60%밖에 이해하지 못했다는 사실을 명심해야 한다. 자신은 100% 이해한 상태에서 상대방에게 설명하기 때문에 꼭 해야 할 말을 빠뜨리고 지나가거나 간략하게 설명하고 넘어가게 된다. 그래서 스스로는 충분히 설명했다고 생각해도 상대방에게 충분히 전달되지 않는 것이다.

나는 연구실 직원에게 자료 정리를 부탁할 때가 많은데, 처음에는 "장별로 스테이플러를 찍어서 분류해줘" 하고 말했다. 그러면 스테이플러를 찍는 위치가 양쪽으로 제각각이거나 페이지가 비뚤어져 있는 등 내 성에 차지 않는 경우가

많았다. 그럴 때 '뭐야, 이런 것 하나도 제대로 못 하고……'
하며 불만스럽게 여기기도 했다.

하지만 그래서는 일이 제대로 돌아가지 않는다. 나는 **상대가 이해하지 못한 것이 아니라 내가 상대를 이해시키는 데 실패했다**고 생각을 고치고, 다음부터 100%가 아니라 200% 설명하기 시작했다. 이를테면, 직접 스테이플러를 찍는 시범을 보이면서 "먼저 종이를 가지런히 맞춘 다음, 왼쪽 모퉁이 위와 옆에 각각 1센티미터씩을 남기고 가로로 반듯하게 찍으면 좋겠어" 하고 집요할 정도로 설명했다. 역시 200% 설명하니까 상대도 충분히 이해했고, 원하는 결과가 돌아왔다.

설명할 때 시간은 다소 걸리지만, 일을 잘못 처리해 처음부터 다시 하는 시간까지 따져보면 결국 충분히 설명하는 편이 더 시간이 단축된다. 또 괜히 화낼 필요가 없어져서 자신과 상대방의 자율신경이 균형을 유지할 수 있고 계속 원만한 관계를 이어갈 수 있다.

'NO'라고 말하지 못하는
자신과 싸워 이기기

반대로 누군가에게 부탁을 받았는데 이런저런 사정 때문에 거절해야 할 때도 있다. 이럴 때는 어떻게 해야 할까? 많은 사람이 속으로는 'NO'가 확실한데 "그게 좀~, 힘들 것 같은데요……" 하며 모호하게 말한다. 그런데 만약 상대가 강하게 밀어붙이는 성격이라면 "그래도 이번 한 번만 부탁 좀 하자! 다음에 한턱낼게!" 하고 더 집요하게 나올 것이다. 이래서는 끝이 없다. 하지 않겠다는 의사가 확고하다면 차라리 이렇게 말해버리자.

"죄송하지만 100% 불가능해요."

굉장히 단호한 말투다. 하지만 어차피 거절하는 것 자체가 100% 못 한다는 뜻이다. 어떤 말투로 거절하든, 거절한다는 것은 그 시점에서 '100% 불가능'이라고 말하는 것과 마찬가지이다.

많은 사람들이 단호한 것보다 애매하게 둘러서 말하는 것을 선호하는 경향이 있는데, 상대방은 바로 그 점을 노릴지도 모른다. 늘 애매하게 말끝을 흐리니까 밀어붙이면 어떻게든 되겠지 하고 집요하게 부탁하는 것이다. 말하자면 'NO'라고 단호하게 거절하지 못하는 당신의 약점을 이용하는 셈이다.

그런 상대에게 딱 잘라서 'NO'라고 말하면 한순간에 주변 공기의 흐름이 바뀐다. 아무리 약아빠진 상대라 하더라도 더 이상 밀어붙이지 못하게 되는 것이다.

'100%'라고 딱 잘라 말하는 것에 저항감을 느끼는 사람도 있겠지만, 이렇게 단호하게 거절하지 않으면 결국 같은 상황이 반복되고 만다. 게다가 질질 끌 만큼 끌다가 결국 'NO'라고 말하면 부탁하는 입장에서도 더 화나지 않을까?

"안타깝지만 예산이 정해져 있어서 불가능합니다."

"오늘은 중요한 일정이 있어서 야근하기 어렵습니다."

"의사가 안 된다고 했기 때문에 회식에는 갈 수 없습니다."

　이런 식으로 꼭 100%라는 말을 쓰지 않더라도 단호하게 거절하는 말들을 익혀두는 것이 좋은 방법이다. 이런 거절의 말을 적절히 사용하는 것이 괜한 스트레스를 줄이고 자율신경의 균형을 바로잡는 비결이다.

변명하지 않고
간결하게 사과하기

'100%'라는 표현은 자신이 잘못했을 때도 활용할 수 있다. 예를 들어 상사가 지시한 기획서를 약속한 기일까지 도저히 완성할 수 없을 때가 있다. 이때 당신이라면 어떻게 하겠는가?

"지금 거의 다 되었는데, 조금만 더 하면 곧 완성할 수 있을 것 같습니다!" 하고 둘러대는 방법도 있긴 하다. 하지만 그 말을 들은 쪽은 '어쩔 수 없지' 하고 받아들이면서도 '또 핑계를 대다니' 하고 생각할지 모른다. 제대로 착수했다면 제 시간에 끝냈을 텐데, 게으름 피우다가 늦어진 것은 분명하니까 말이다.

나라면 이렇게 말할 것이다.

"죄송합니다. 제가 기한을 맞추지 못해 업무에 지장을 주었습니다. 정말 죄송하지만 조금만 더 시간을 주실 수 있으신지요?"

변명하지 않고 먼저 자신의 잘못을 100% 인정하는 것이다. 그렇게 하면 상사도 더 이상 따질 거리가 없어서 "알았어, 힘내!" 하고 말할 수밖에 없다.

잘못을 인정할 때도 '100%'가 중요하다. 간결한 사람은 호감을 얻기 마련이다. 잘못했을 때는 시원하게 잘못을 인정하고, 'NO'라고 말해야 할 때는 확실히 'NO'라고 말하자. 그러면 주변에 거짓말할 필요가 없어서 스트레스가 줄어들고 혈류가 좋아져 뇌와 몸의 능률이 올라간다. 그리고 인생의 톱니바퀴가 잘 맞물리며 선순환이 시작될 것이다.

"잘 고민해보세요"라며
상대에게 주도권 넘기기

가게에 들어온 손님에게 상품을 팔 때도 말투가 무척 중요하다.

내가 생각하는 최고의 접객은 손님이 그 상품을 사면 이익이라고 생각하게 만드는 것이다. 단지 넥타이를 사러 왔을 뿐인데 셔츠나 슈트, 양말 등도 보여주며 "이런 조합도 참 멋지지요"라고 제안하거나 "이 색에는 이런 무늬를 매치하면 세련되어 보인답니다" 하고 다양한 선택지를 제시하는 것이다. 그러면 그대로 했을 때 자신이 멋지게 변신할 것만 같은 느낌이 들어 사고 싶은 욕구가 커진다.

한편, 손님이 실제로 살지 말지는 이후 판매자의 말투에 달려 있다. 만약 "이게 마지막 하나 남은 상품이에요" 하고 말해서 구매를 부추긴다면 손님은 그 순간 흥이 깨져서 이성을 찾게 될 것이다. 하지만 만약 다음과 같이 말한다면 손님은 무심코 지갑을 열어 계산하게 될 것이다.

"하나 정도는 가지고 계시면 유용할 거예요. 그래도 잘 고민해보세요."

잘 고민해보라는 말은 상당한 위력이 있다. 억지로 밀어붙이기보다 오히려 상대를 살짝 밀쳐내는 말투이다. 손님은 자신이 주도권을 갖기를 바라므로 사고 싶은 욕구를 자극받은 다음 선택권이 넘어오면 순순히 욕구에 따르게 된다.

나 역시 수술이 필요한 환자에게 설명할 때 마지막으로 "잘 고민해보십시오" 하고 말한다. 의사로서 수술이 필요하다고 판단해서 최고의 수술법을 설명하지만, 어쨌든 메스가 몸에 닿는 당사자는 환자 자신이다. 당사자에게 무척 중요한 일인 만큼 환자 스스로 신중하게 생각하기를 진심으로 바라기 때문에 절대 억지로 강요하지 않는다. 다만 내가 생각하는 최고의 방법을 설명할 뿐이다. 환자가 신중히 고민한 끝에 올바른 선택을 할 것이라고 믿고 충분히 설명하면, 실제로 대부분의 환자들이 수술을 선택한다.

판매자와 구매자가 모두 행복해야 비로소 물건을 잘 사고 팔았다고 말할 수 있지 않을까? 남의 돈을 받는 것은 상대방에게 그만큼의 행복을 제공하는 일이다. 그 책임을 분명히 인식하고 자신의 직업에 자긍심을 갖고 교섭에 임한다면 서로에게 유리한 방향으로 이끄는 말투를 사용하게 될 것이다.

진찰할 때의
교섭 테크닉

　교섭은 비즈니스 현장에서만 이루어지는 것이 아니다. 진료실에서 의사와 환자가 대면하는 것 역시 엄연히 교섭에 속한다.

　진료실에서 의사인 내가 성공해야 하는 것은 환자의 상태를 잘 확인하고 최적의 치료법을 제시하는 일이다. 하지만 그게 잘 통하지 않는 상대가 있다. 바로 어린아이들이다.

　아이들은 진료실에 들어올 때 이미 울음이 터진 상태일 때가 많다. 병원에서 진료받는 경험이 적어 공포심이 몇 배로 강하기 때문이다. 그래서 어린아이를 대할 때 나는 말투에 무척 신경 쓰는 편이다.

이를테면 가슴에 청진기를 댈 때 "병이 있는지 검사할 거야" 하고 말하면 아이는 십중팔구 울음을 터트린다.

하지만 다음과 같이 말하면 아이는 어리둥절한 표정을 지으면서 얌전히 앉아 있는다.

"이제부터 꾹꾹이를 할 거야."

병이나 검사라는 말을 사용하지 않고 마치 놀이를 하는 것처럼 가볍게 말하는 것이다. 그러면 아이는 그 분위기에 이끌려 두려움을 잠시 잊고 의사가 진찰할 수 있도록 기다려준다.

아이들은 잡념이 없기 때문에 의사가 어떤 말투를 쓰느냐에 따라 반응이 크게 달라진다.

이는 가정에서도 마찬가지이다. 같은 말이라도 부모가 사용하는 단어나 말투에 따라 아이의 반응이 달라진다. 부모들은 자신의 아이가 어떻게 자랐으면 좋겠다는 목표나 바람을 갖고 있을 것이다. 그 청사진을 실현하기 위해서는 부모가 어떤 말투를 쓰는지가 무척 중요하다. 평소 자신이 아이를 대할 때 어떤 단어와 말투를 사용하는지 살피고 그것이 아이의 미래에 어떤 영향을 미칠지 점검해볼 필요가 있다.

긴급 상황을 극복하는 말투

　교통사고나 심장발작 등으로 환자가 생사를 넘나드는 상태로 실려 오는 응급실에서는 다양한 문제가 발생하기 쉽다. 그중 가장 많은 것은 환자 가족과 의료 스태프 사이에 생기는 갈등이다.

　"지금부터 처치에 들어가야 하니 보호자 분들은 나가 계세요."

　의사가 응급 환자를 처치하기 위해 이렇게 말해도 가족들은 그 자리를 좀처럼 떠나지 않고 계속 커튼 옆에 서 있곤 한다. 그래서 때때로 큰소리가 오가기도 한다.

　응급 상황이 아니고 일반적인 진료를 할 때는 이렇게 말하면 보호자도 순순히 자리를 비켜준다. 자신이 그곳에 계속 머물면 원활한 치료가 이루어질 수 없다는 것을 잘 알기 때문이다.

하지만 응급실에서는 다르다. 소중한 사람이 당장 죽을지도 모르는 상황에서는 가족의 자율신경이 크게 흐트러지기 때문이다. 교감신경이 지나치게 높아져 냉정한 판단을 내리지 못하고 조금이라도 더 환자 곁에 있으려고 한다. 자율신경의 균형이 극도로 흐트러진 사람에게는 평소 말투가 통용되지 않는 것이다.

이럴 때는 평소보다 더 천천히, 정중하게 부탁해야 한다.

"정말 죄송합니다만, 처치에 들어가야 하니 저쪽에서 기다려주시겠습니까?"

의료진이 눈을 맞추면서 차분하게 천천히 말하면 가족의 자율신경이 원래 상태로 회복된다. 그리고 환자를 빨리 치료하려면 자신이 자리를 피해주어야 한다는 사실을 비로소 이해하게 된다.

요컨대 같은 말이라도 상황에 따라 전혀 다르게 들릴 수 있다. 그러므로 긴급한 상황일수록 더 천천히 그리고 정중하게 말해야 상대가 받아들일 수 있다.

건강과 활력을
유지하는 말투

의사의 한마디에
환자의 식욕이 뚝 떨어지고
건강이 나빠질 수 있다.

상처를 주는 말투에는
면역력이 생기지 않는다

"옆집 A는 야무진데 넌 왜 이렇게 덜렁대니?"

"미안해, 널 친구 이상으로 생각한 적 없어."

"유감이지만 채용되지 않았음을 알려드립니다."

"왜 그런 실수를 저지른 거야! 정말 믿을 수가 없어!"

우리는 어릴 때부터 자신을 부정하는 여러 가지 유형의 말들을 들어왔다. 성격의 단점을 지적하는 말부터 신체적 약점을 들추거나 능력을 비하하는 말, 거부나 거절의 말 등 일일이 열거하기도 힘들 정도로 많다.

그런데 이런 말을 처음 들었을 때는 엄청난 충격을 받았으나 두 번째 들었을 때는 그로 인한 상처가 훨씬 덜했던 경험이 있을 것이다. 한 살 두 살 나이를 먹을수록 우리는 다양한 경험을 쌓고 나쁜 말투에 대해서도 면역력이 생긴 것처럼 느끼게 된다. 웬만한 말에는 상처받지 않고 무덤덤하게 넘기게 되는 것이 곧 어른이 되어가는 과정이라고 말하는 사람들도 있다. 정말 그럴까?

자율신경을 연구하는 내 관점에서 보면 자신을 부정하는 말투에 대한 면역력 따위는 결코 생기지 않는다.

우리 몸과 정신은 그 말을 처음 들었을 때와 똑같은 충격과 스트레스를 받는다. 그런데 스스로 '익숙하니까 괜찮아' 하고 받아들이려고 애쓰기 때문에 스트레스에 제대로 반응하지 못할 뿐이다. 이런 경험이 계속 쌓이다 보면 결국 건강상의 문제들이 겉으로 나타나게 된다.

지독한 말투는 물리적인 폭력보다 우리의 건강에 더 큰 타격을 줄 수 있다. 말로 인한 상처는 눈에 보이지 않기 때문에 대개 제대로 치료하지 않고 방치하게 되기 때문이다.

우리가 무심코 주고받는 말이든 화가 나서 내뱉는 말이든 상처를 주는 말은 서로의 건강에 큰 타격을 줄 수 있음을 인식하고 올바른 말을 사용하도록 노력해야 한다.

올바른 말투로
자신과 상대방의 건강 지키기

앞에서 말투와 건강이 밀접한 관련이 있다고 말했다. 특히 잘못된 말투, 지독한 말투는 건강에 상당한 악영향을 미친다. 그럼, 이런 궁금증이 생길 것이다.

'건강하게 오래 살려면 어떤 말투를 사용해야 할까?'

'건강하다는 것은 어떤 상태를 말할까?'

내가 생각하는 건강이란 질 좋은 혈액이 몸속 구석구석까지 미치는 상태이다.

세포 하나하나에 양질의 혈액이 닿으면 모든 내장기관이 정상적으로 기능하기 때문에 몸 상태가 아주 좋아진다. 특히 간 기능이 몰라보게 개선되어 에너지가 넘치고 쉽게 지치지 않는 몸이 된다.

게다가 간과 혈류가 좋아지면 피부와 머리카락 건강과도 직결되기 때문에 환하고 혈색 좋은 피부와 탐스럽고 윤기 있는 머리카락을 유지할 수 있다. 불필요한 지방과 수분이 몸에 쌓이지 않아서 살이 잘 찌지 않는 장점도 있다. 두뇌 역시 장기에 속하는데, 두뇌 작용 또한 좋아져서 업무에서 자신의 역량을 충분히 발휘할 수 있다.

다시 말해, 양질의 혈액을 몸속 구석구석까지 보내는 것이 건강하고, 생동감 넘치고, 총명하게 오래 사는 비결인 셈이다.

그리고 앞에서 여러 번 얘기했지만, 이런 역할을 담당하는 것이 바로 자율신경이다. 말투에 따라 자율신경의 균형이 바로잡힐 수도 있고, 망가질 수도 있다. 말을 내뱉은 사람은 말할 것도 없고 그 말을 들은 사람의 자율신경까지 영향을 받는다. 따라서 자신은 물론 소중한 사람의 건강을 지키려면 식사와 생활습관에 신경 쓰는 것은 물론 자율신경의 균형을 바로잡는 올바른 말투를 사용해야 한다.

암과 맞서 싸울 힘이 생기는
선고 방식

　나는 외과 의사로서 환자가 하루라도 빨리 건강을 되찾고 새로운 인생을 살 수 있게 해야 한다는 사명감을 갖고 있다. 그래서 말투도 그런 목표에 맞게 쓰려고 노력한다.

　예를 들어 환자에게 암에 걸렸다는 사실을 알려야 할 때가 있다.

　"암입니다. 앞으로 3개월 정도 살 수 있습니다."

　의사가 이렇게 말하면 환자는 어떻게 될까? 병 자체보다 앞으로 살날이 3개월밖에 남지 않았다는 스트레스 때문에 자율신경의 균형이 급격히 무너져서 결국 암에 잠식당하고 말 것이다. 곧 죽는다는 생각에 괴로워하면 할수록 자율신경의 균형이 깨져서 그나마 남아 있던 면역력까지 바닥나버린다.

하지만 아무리 괴로워해봐야 암에 걸렸다는 사실은 달라지지 않는다. 암과 맞서 싸우기 위해서는 자율신경의 균형을 바로잡고 조금이라도 면역력을 높이는 것이 중요하다. 그래서 나는 암 선고를 내릴 때 이렇게 말한다.

"암입니다. 하지만 암에도 여러 종류가 있어요. 나빠질 수도 있지만 앞으로 어떻게 하느냐에 따라 좋아질 수도 있습니다. 암이란 끝까지 무슨 일이 일어날지 알 수 없는 병이에요."

전자의 말과 후자의 말 모두 암에 걸렸다는 사실을 전하는 것은 똑같다. 하지만 환자가 치료에 임하는 감정에는 큰 차이가 있을 것이다. 절망의 늪에 빠질 것인지, 아니면 희망과 마주할 것인지 말이다.

실제로 암은 정말 끝까지 무슨 일이 일어날지 장담할 수 없는 병이다. '여명 몇 개월'이라는 진단은 지금까지의 통계로 얻은 '숫자'에 지나지 않는다. 어떤 결과가 나올지는 사람마다 다르고, 그 결과가 당사자에게는 유일한 것이다. 가능성은 미지수인 셈이다.

의사의 사소한 말투 하나에도 환자는 식욕이 떨어지고 변비나 로이로제에 걸리는 등 건강이 급격히 나빠질 수 있다. 나는 의사로서 이러한 사실을 아주 무겁게 받아들인다. 이처럼 어떤 경우에는 말투가 건강을 좌우한다고 해도 과언이 아니다. 이것이 우리가 어떤 상황에서도 올바른 말투를 사용하는 습관을 가져야 하는 이유이다.

금연 클리닉에 온 사람에게
'담배를 끊지 않아도 된다'고 말한다

나는 금연 클리닉도 운영하고 있는데, 분명히 말하건대 담배는 백해무익하다. 담배 연기에는 약 4,000종이 넘는 화학물질이 들어 있고, 그중 발암물질은 약 60종류나 된다.

담배를 피우면 폐암에 걸릴 위험이 높아지는 것은 물론이고, 혈류가 나빠져서 온몸에 있는 세포에 산소와 영양분이 제대로 공급되지 못한다. 그 결과 혈관이 노화되고 피부와 머리카락이 손상되어 나이보다 늙어 보이게 되며, 그 밖에도 동맥경화, 뇌졸중, 심근경색 등 다양한 질병의 위험이 커진다.

이만큼 해로운데도, 담배를 도저히 끊지 못하는 사람이

무척 많고 금연 클리닉을 찾아오는 사람도 끝이 없다.

그런 환자에게 나는 이렇게 말한다.

"담배를 꼭 끊지 않아도 됩니다. 대신 검진만은 꾸준히 받으십시오."

이렇게 말하면 대부분은 담배를 끊지 않아도 된다는 말에 기뻐하면서 한편으로 정말 그래도 되는지 불안해하며 복잡한 표정을 짓는다. 금연 클리닉은 금연을 목표로 하는 곳인데 담배를 꼭 끊지 않아도 된다는 말을 들었으니 당연할지도 모르겠다.

담배를 도저히 끊지 못해서 금연 클리닉까지 찾아올 정도의 사람이라면 마음먹은 대로 되지 않는다는 스트레스와 매일 사투를 벌이고 있을 것이다. 그런 사람이 담배를 끊지 않아도 된다는 말을 들으면, 압박감이 사라지고 스트레스가 풀리면서 의외로 깨끗이 담배를 끊게 되는 경우도 많다.

하지만 이 말은 의사라는 권위를 가진 내가 했기 때문에 충격이 크고 효과를 얻을 수 있지, 보통 사람이 그렇게 말하면 '그래, 어차피 못 끊어. 그냥 마음껏 피워야지!' 하고 생각하게 할 위험성도 있다. 그럴 때는 이렇게 말해보면 어떨까?

"네가 병에 걸리면 힘들어 할 사람이 많아."

이렇게 말하면 "빨리 금연해!" 하고 닦달하지 않으면서 사실을 있는 그대로 전달하기 때문에 상대방이 순순히 받아들일 수 있다. 또 금연할지 말지 그 결단을 상대방에게 맡기는 것이 포인트이다. 무엇이 옳은지 알고 있지만 남이 재촉하면 괜히 반항하고 싶어지는 것이 사람 마음이다. "빨리 숙제해!" 하는 말을 들으면 "방금 하려고 했는데 그 말을 들으니까 할 마음이 싹 사라졌어!" 하는 아이의 심리와 똑같다.

상대방을 밀어붙이지 않으면서 상황을 객관적으로 살펴볼 수 있도록 유도하는 말투를 쓰면 상대방은 거부감을 느끼지 않게 된다. 그래서 상대의 말을 있는 그대로 받아들이고 자연스레 자신의 건강을 신경 쓰게 된다.

그리고 설령 담배를 끊지 못하더라도, 지나친 스트레스나 압박감에서 벗어나 자율신경의 균형이 바로잡히면 전반적인 건강 상태가 훨씬 좋아진다.

만성 변비가 완치된,
변비 클리닉에서의 말투

환자를 스트레스와 압박감에서 해방시켜 건강을 좋게 만든 또 다른 사례가 있다.

어느 날 변비 때문에 병원을 찾아온 환자가 "변이 나오긴 하는데 복부 팽만감이 사라지지 않아 괴로워요" 하며 고통을 호소했다. 나는 이렇게 말해주었다.

"복부 팽만감은 있지만 변이 나오니까 괜찮다고 생각해보세요. 꼭 매일 변을 보지 않아도 되거든요."

그러자 그 환자가 다음에 진료실에 찾아와 이렇게 말하는 게 아닌가.

"선생님이 변이 나오기만 해도 괜찮다고 말씀해주셔서

그렇구나 하고 생각하니까 갑자기 마음이 편해지더라고요. 그랬더니 자연스레 복부 팽만감도 사라졌어요."

이 환자는 오랫동안 복부 팽만감 때문에 고민했고, 괴로워서 못 참겠다며 줄곧 스트레스를 받아왔다. 장은 부교감신경이 높을 때 활발하게 운동하는데, 이 환자의 경우는 부정적인 감정 때문에 교감신경이 더 높아져서 장운동이 제대로 되지 않았다.

하지만 '복부 팽만감을 고쳐야 한다'는 압박감에서 해방되자, 부교감신경이 높아져 자율신경의 균형이 바로잡혔고 복부 팽만감 증세도 점점 사라졌다.

진료실에서 많은 환자를 만나다 보면 실제로 비슷한 사례가 꽤 있다. 만성변비, 만성두통, 소화불량, 불면증 등 환자를 괴롭히는 만성질환들은 심리적인 문제가 원인인 경우가 많다. 이럴 때 의사가 압박감에서 해방시켜주는 말투를 사용해서 자율신경을 바로잡아주면 상당한 효과가 나타난다. 만일 어떤 건강상의 문제로 오랫동안 괴로움을 겪고 있다면, 자신이 필요 이상으로 지나치게 압박감과 스트레스를 받고 있는 것은 아닌지 되돌아볼 필요가 있다.

상대가 식욕이 없을 때는
"먹고 싶어지면 말해"

소중한 사람이 식욕이 없을 때, 당신은 어떤 말을 건네서 격려하는가?

"안 먹으면 안 돼!"

자율신경의 균형을 생각한다면, 이 말은 전형적인 금지어이다.

상대방도 먹어야 한다는 사실을 이미 충분히 알고 있기 때문이다. 알면서도 위가 좋지 않거나 마음이 내키지 않는 등의 이유로 도저히 먹을 수 없는 것이다. 그런 사람에게 위와 같은 말을 던지는 것은 정말 눈치 없는 행동이다. 그 말을 들은 사람은 '그걸 누가 몰라?' 하며 짜증이 나서 식욕이 더 떨어지고 말 것이다. 이럴 때는 다음과 같이 말하는 것이 가장 낫다.

"먹고 싶어지면 말해."

'꼭 먹어야 한다'라는 압박감에서 상대방을 해방시켜주는 것이다. 그렇게 하면 상대방의 마음에 여유가 생겨, 자율신경의 균형이 바로잡히고 식욕도 조금씩 회복될 것이다.

상대방을 말로 몰아붙이지 않는 것이 무엇보다 중요하다. 당신이 압박감을 주는 말투를 사용하면 상대는 더욱 먹는 것을 힘들어할 것이다. 특히 식욕은 심리적인 원인이 크게 작용한다. 누구나 기분 나쁜 일이 있거나 긴장된 상황에서 입맛이 뚝 떨어지는 것을 경험해봤을 것이다. 그럴 때는 배가 고프지도 않고, 오히려 억지로 먹었다가 체하기도 한다.

따라서 상대를 압박하는 대신 마음을 편안하게 만드는 말투를 사용해서 일단 자율신경의 균형을 회복할 수 있도록 도와주어야 한다.

8장

가족 사이가
돈독해지는 말투

"고마워", "미안해"는
소통을 위한
궁극의 한마디이다.

부모의 말투가
아이의 인생을 결정한다

나는 외동아들이고 부모님은 두 분 다 초등학교 교사이셨다. 부모님이 근무하는 동안 이웃집에 맡겨진 나는 '다른 집 아이'여서 늘 주변을 신경 쓰고 사람들의 눈치를 살폈다. 다른 사람들의 말투와 내 말투에도 민감했다. 생각해보면 이런 어린 시절의 영향이 내가 말투를 의식하는 계기가 되었는지도 모르겠다.

어린 시절 우리 집은 가족들의 생일, 어버이날, 크리스마스 등 기념일을 전혀 챙기지 않았다. 생일에 케이크를 가운데 두고 둘러앉아 축하 노래를 부른 적도, "생일 축하해"라는 말을 들어본 적도 없다. 선물을 받는 날은 생일이 아니라

성적이 좋았을 때였다.

'그 정도 노력 없이는 의사가 될 수 없지 않나?' 하고 생각할지 모르겠지만, 가족끼리 생일 파티를 하고, 크리스마스가 되면 산타가 찾아온다는 생각에 가슴 설레고, 기념일에 놀이공원에 가면서 즐거운 어린 시절을 보낸 의사도 분명 많이 있으리라고 생각한다. 하지만 내게는 그런 추억이 하나도 없다.

한편으로는 부모님과 대화가 많지 않은 유년기를 보냈기 때문에 사소한 말 한마디가 상대에게 얼마나 큰 영향력을 미치는지 더 잘 알게 되었다.

유년기에 부모와의 관계는 아이의 성격과 인생에 무척 큰 영향을 미친다. 당신에게 아이가 있다면 당신의 사소한 말투가 아이의 심리, 건강 상태, 더 나아가 인생까지 변화시킬 수 있다는 사실을 명심해야 한다. 8장에서는 가족과의 사이를 돈독하게 만들고, 행복한 인생을 만드는 데 도움이 되는 말투에 대해 알아본다.

"빨리해"라는 말은
금물

 한 조사에 따르면 부모가 자식에게 하루 동안 가장 많이 하는 말은 "빨리해"라고 한다.

 아이가 옷을 갈아입는 데 시간이 걸리거나 신발 끈을 제대로 묶지 못할 때, 그러지 말자고 생각하면서도 부모는 무심코 "빨리빨리" 하고 재촉해버린다. 물론 그 심정은 충분히 이해할 수 있다. 하지만 재촉당하는 아이는 굳이 그 말을 듣지 않아도 이미 마음이 급한 상태다. 그래서 자율신경의 균형이 무너져 있기 때문에 자신의 능력을 제대로 발휘하지 못하고 꾸물거리는 것이다. 그 상태에서 부모가 "빨리빨리" 하고 재촉하면 오히려 더 허둥댈 수밖에 없는 게 당연하다.

그렇다면 아이의 자율신경이 왜 흐트러졌을까?

이런 경우 부모의 흐트러진 자율신경이 전염되었을 가능성이 높다.

외래 진료를 하다 보면 '원인은 모르겠지만 아이의 몸 상태가 안 좋다'면서 아이를 데리고 오는 부모가 있다. 그런데 잘 관찰해보면 오히려 아이보다 부모가 더 불안해 보이고 어딘지 산만하다. 그런 경우에는 대체로 **부모의 흐트러진 자율신경이 아이에게 전염되었다**고 볼 수 있다. 그래서 내가 부모에게 불안을 완화해주는 말투를 쓰면, 그것만으로도 아이의 상태까지 나아지곤 한다.

영국에서는 아이에게 "hurry up!=빨리해"라는 말도 하지만 "take your time=네 페이스대로 해", "don't rush=당황하지 말고 천천히 해"라는 말을 더 많이 한다. 서두르라고 말하긴 하지만, 그래도 자신의 페이스를 중요하게 생각하라고 덧붙임으로써, 아이의 흐트러진 자율신경을 바로잡아주는 것이다.

"빨리빨리" 하고 재촉하면 아이의 능력을 충분히 끌어낼 수 없다. 자기도 모르게 입에서 서두르라는 말이 나올 것 같다면 일단 심호흡을 해서 자율신경의 균형을 바로잡아보자.

아이를 야단칠 때는
"뭘 잘못했는지 말해보렴"

"아이에게 화내지 않아야지 하고 다짐하지만, 매일 바쁘다 보니 나도 모르게 화를 내고 만다."

이렇게 하소연하는 사람이 많다.

밤늦게까지 힘들게 일하고 집에 돌아왔는데 아이는 숙제도 하지 않고 휴대폰만 보고 있다. 장난감도 갖고 논 그대로 둔 채 주의를 줘도 "나중에 할게" 하고 휴대폰에만 정신이 팔린 상태이다.

녹초가 된 상태에서 이런 모습을 보면 누구나 화가 날 것이다. 일을 마치고 돌아온 직후에는 아직 교감신경이 더 높은 상태여서 사소한 일에도 짜증이 잘 나기 때문에 화를 내는 게 당연하다. 이럴 때 알아두어야 할 것이 '아이를 혼낼 때는 부교감신경으로 혼내기'이다.

교감신경이 우위에 있을 때는 순간적으로 감정이 욱해서 혼내게 된다. 혈관이 수축하고 뇌와 몸에 충분한 양의 혈액이 돌지 않기 때문에 순간적으로 화가 나고 때로는 손이 올라가는 사태가 일어나기도 한다.

하지만 낮은 부교감신경을 의식적으로 높여서 자율신경의 균형을 바로잡으면 '부교감신경으로 혼내기'가 가능하다. '부교감신경으로 혼내기'의 기본은 아이가 어떤 생각을 하는지 관찰하고 열린 마음으로 받아들이면서, 부드러운 말투를 써서 아이의 감정에 다가가는 것이다.

대뜸 "안 돼" 하고 말하는 것이 아니라, 왜 숙제를 해야 하는지, 왜 장난감을 가지고 논 뒤에는 치워야 하는지, 중요한 일을 왜 나중으로 미루면 안 되는지, 소리 지르지 않고 조용한 목소리로 천천히 질문을 던져야 한다. 이를테면 이렇게 말하는 것이다.

"뭘 잘못했는지 말해보렴."

아이는 야단을 맞으면 순간적으로 머리가 혼란스러워져서 스스로 생각하는 방법을 잊어버리고 용서를 구하기 싫어

한다. 그래서 자신의 잘못을 점점 주변 상황이나 다른 사람 탓으로 돌리게 된다. 하지만 이성적인 방식으로 야단을 맞으면 대개 순순히 용서를 구한다. 아이가 잘못했다고 말하면 그것으로 끝내고 필요 이상으로 혼내지 말아야 한다. 아이는 용서를 구해 불편한 분위기를 바꾸려고 하는 것이다. 그것을 있는 그대로 받아주어야 한다.

사실 아이는 부모를 아주 세밀하게 관찰하고 따라 한다. 부모가 화를 잘 낸다면 아이 역시 쉽게 화내는 성격이 되어버린다. 그러니 아이와 좋은 관계를 유지하면서 바람직한 방향으로 이끌기 위해서는 부모가 자신의 부교감신경을 높여서 자율신경의 균형을 바로잡는 것이 무엇보다 중요하다.

왜 잘못된 행동인지
함께 생각하기

부하직원을 혼내는 것과 아이를 혼내는 것에는 큰 차이가 하나 있다. 어른은 자신이 잘못했다는 사실을 알지만 아이는 그것이 잘못된 행동임을 모른다는 것이다.

어른은 대부분 '사고 쳤다!' 하고 자신의 실수를 자각하고 주변에서 뭐라고 하지 않아도 스스로 반성한다.

하지만 아이는 잘못을 저질렀어도 자신이 정확히 무엇을 잘못했는지 모를 수 있다. "가게의 물건을 마음대로 가져가면 안 돼"와 같이 당연한 규칙은 한 번만 말해주면 아이도 잘 이해한다.

하지만 일상생활 속에서는 미묘하고 판단하기 어려운 문

제도 수시로 발생한다. 그럴 때는 부모가 무엇이 잘못되었는지 정확하게 가르쳐주어야 한다.

예를 들면 이런 경우가 있다.

아이의 생일에 친구들을 초대해서 파티를 열어주었다. 친구 중 한 아이가 크레파스를 선물했다. 그런데 그건 이미 아이가 가지고 있는 크레파스였다. 그래서 아이가 무심코 "나, 이거 갖고 있어서 필요 없어" 하고 말했고 크레파스를 선물한 친구가 슬픈 표정을 지었다.

어른이라면 여기서 무엇이 문제인지 잘 안다. 설령 이미 가지고 있는 물건이라도 자신을 생각하며 선물을 고른 상대의 마음에 감사하며 "고마워" 하고 말해야 한다. 하지만 경험이 부족한 아이는 상대의 마음을 알아차려서 적절한 말투를 구사하는 것에 서툴다.

이럴 때는 부모가 일일이 가르쳐주는 수밖에 없다. 아이에게 말할 때는 어른에게 말할 때보다 3배의 시간이 든다고 생각하고 하나하나 세심하게 알려주어야 한다.

"오늘 참 즐거웠지? 그런데 딱 하나 네가 실수한 게 있는데 뭔지 알겠니?" 하고 아이에게 물어본다. 그리고 "아빠가 그 친구였다면 기분이 나빴을 것 같아. 너라면 어땠을까?"

하고, 자기였다면 어땠을지 생각해보게 한다.

대뜸 화부터 내는 것은 당연히 좋지 않다. 그렇게 하면 아이는 혼났다는 사실에 동요해서 교감신경이 높아지고, 부모가 하는 말을 한 귀로 흘려듣고 말게 된다. 반면, 부모가 아이와 '함께 생각하는' 자세로 세심하게 설명해준다면 아이 스스로 그 일을 곰곰이 되돌아보고 자신의 잘못을 반성하게 된다. 이런 경험이 쌓여서 상황 판단력이 높아지고 배려 깊은 스마트한 어른으로 성장하게 된다.

결과보다 노력을
칭찬하라

아이가 시험에서 100점을 받길 바라는 것은 모든 부모의 마음이리라. 하지만 만약 100점을 받지 못하더라도 혼내지 말고 다음과 같이 말해주자.

"오늘 60점 받았어도 괜찮아. 내일 65점 받으면 되지."

60점을 받아 혼날 줄 알았던 아이는 예상치 못한 부모의 말에 깜짝 놀랄 것이다. 혼날 것이라는 생각 때문에 축 가라앉았던 마음이 단숨에 풀릴 것이다. 이 순간 아이는 이야기를 들을 준비가 된다. 부모의 화난 목소리를 듣지 않으려고 투명한 귀마개를 꼈던 아이가 스스로 귀마개를 빼고 자신이 혼나지 않은 이유를 알고 싶어 하게 된다. 바로 이때 왜 60점을 받아도 괜찮은지, 대신 다음에 어떻게 하면 되는지 세심하게 알려준다. 단 5점이라도 지난 시험보다 점수가 올라가면 그것은 자신이 성장했다는 증거이다. 조금씩이라도 노력하는 것이 가장 중요하고, 그렇게 하면 결과도 따라온다는 사실을 알려주어야 한다.

이렇게 결과가 아닌 노력을 칭찬하면 아이는 점점 의욕을 보이게 된다. '엄마 아빠는 내가 열심히 노력한다는 걸 알아주시는구나' 하고 생각해서, 자율신경의 균형이 안정을 찾고 시험 날에도 차분하게 문제를 풀어나갈 수 있게 된다.

반대로 "왜 이런 문제도 못 푸는 거야?" 하고 부모가 비난조로 말하면 아이는 막다른 곳으로 내몰리게 된다. '다음에 점수가 더 떨어지면 어쩌지?', '또 혼날 것 같아서 무서워' 하고 부정적인 감정이 차올라 자율신경의 균형이 흐트러진다. 그러면 아무리 오래 책상에 앉아 있어 봐야 집중이 되지 않아 공부에 전념할 수 없다. 또 시험 칠 때 너무 긴장한 나머지 제 실력을 발휘하지 못하는 '실전에 약한 아이'가 되어버리거나 최악의 경우에는 커닝을 저지를 수도 있다.

아이가 스스로 열심히 하려는 마음을 갖느냐 그렇지 않느냐는 부모의 말투에 달려 있다.

"공부해라" 하고 말해도
소용없다

조금씩이라도 성장하면 된다지만, 공부를 전혀 하지 않는 아이라면 어떨까? 놀기만 해서는 무슨 수로 성장하겠는가?

하지만 공부하지 않는 아이에게 "공부해라" 하고 말하는 것은 아무 소용없다. 우선 아이가 왜 공부를 하지 않는지부터 생각해야 한다. 그냥 공부가 하기 싫어서, 친구들과 노는 것이 더 좋아서, 공부하는 습관을 갖지 못해서……. 물론 그 이유는 아이에 따라 천차만별일 것이다.

이 문제를 푸는 해답 역시 부모의 말투에 달려 있다.

왜 공부하지 않느냐고 아이를 비난해서는 안 된다. 어릴 때는 자신의 생각과 감정을 완벽하게 말로 설명할 만큼 논

리적이지 않기 때문에 아무리 아이를 다그쳐봐야 제대로 된 답을 얻어낼 수 없다. 이럴 땐 어떻게 해야 할까?

아이가 자신의 마음을 똑바로 볼 수 있도록 질문을 던져서 조금씩 답을 끌어내야 한다. 그리고 그 하나하나를 맞춰가면서 아이 나름대로 답과 목표를 찾도록 도와주어야 한다. 그러면 아이도 공부에 대해 좀더 진지하게 생각하게 되고, 스스로 동기 부여를 할 수 있게 된다.

요즘 시대에는 아이들의 꿈과 희망이 점점 다양해지고 있다. 학교 공부나 시험 성적만을 목표로 삼을 필요는 없다. 아이가 어떤 것을 좋아하고 잘하는지 스스로 알고 찾아낼 수 있도록 이끌어주는 것이 더 중요하다. 일방적으로 비난하거나 다그치는 방식이 아니라 아이의 감정에 공감하면서 세심하게 질문해나가는 방식이 필요하다.

남이 아닌 자기 자신과
경쟁하게 만들기

아이가 공부를 피하지 않게 하려면 남이 아닌 자기 자신과 경쟁하게 만들어야 한다. 만약 "옆집의 A는 100점 맞았대" 하고 남과 비교해서 향상심을 끌어내려고 했다면 지금 당장 그만둬야 한다. 남과 비교당하면 아이는 자존심에 깊은 상처를 입고, 자신의 존재 의미를 찾지 못하게 된다.

"지는 것을 분하게 생각하는 근성이나 경쟁심이 어느 정도 있어야 더 크게 성장하고 성공할 수 있지 않나요?"

이렇게 질문하는 사람도 있을 것이다. 물론 경쟁심을 부추겨서 효과를 보는 경우도 있다. 다만, 비교 대상은 타인이 아니라 과거, 현재, 미래의 자기 자신이어야 한다. "어제 시험에서 70점을 받았는데, 오늘은 75점을 받았네. 내일은 80점을 목표로 삼아볼까?" 하고 자기 자신과 경쟁하게 만들면 된다.

의학적 관점에서 봤을 때 남과 비교하는 것은 절대 추천하지 않는다. 남과 비교당할 때 우리는 자기 자신을 열등한 인간이라고 생각하게 된다. '저 애만 없으면 내가 1등인데' 하며 모든 책임을 상대에게 떠넘기고 질투하게 된다. 또 진흙탕 같은 부정적인 감정이 마구 소용돌이치면서 자율신경이 흐트러져, 그 결과 감기에 잘 걸리거나 배가 아프게 되는 등 건강까지 해치게 된다.

만약 아이가 "배가 아파서 학교에 못 가겠어" 하고 말한다면 경고 신호이다. 그리고 병원에 갔는데 의사가 "특별히 안 좋은 곳은 없습니다"라고 한다면 오히려 아이가 몹시 위험한 상태라고 여겨야 한다.

원인을 특정할 수 없는 심신 장애는 대부분 흐트러진 자율신경이 원인이기 때문이다. 아이의 몸과 마음이 과도한 부담감을 느껴서 SOS를 치는 것이다. 이럴 때는 자신이 평소 아이에게 어떤 말투를 쓰고 있는지 진지하게 생각해봐야 한다.

아사다 마오를 다시 일으켜 세운
코치의 한마디

가족 이야기에서 살짝 벗어나지만, 선수를 대하는 코치의 말도 아이를 대하는 부모의 말과 비슷한 측면이 있다.

일류 선수는 '진정한 경쟁 상대는 자기 자신'이라는 사실을 잘 안다. 이를테면 아사다 마오 선수는 소치 올림픽에서 유력한 금메달 후보로 일본 국민들의 기대를 한 몸에 받으며 쇼트 프로그램에 나섰지만, 모든 점프에서 실수를 범해 16위가 되고 말았다. 하지만 다음 날 프리 스케이팅 연기에서 여섯 종류의 점프 모두 3회전을 돌아 성공시켰고 개인 기록을 경신하여 최종적으로 6위라는 높은 성적을 거두었다.

아사다 마오가 단 하룻밤 만에 기분을 전환하고 본래 가진 실력을 발휘할 수 있었던 이유는 무엇일까? 나는 두 가지 이유를 꼽는다. 먼저, '싸워야 할 상대는 자기 자신'이라고 생각한 아사다 마오의 훌륭한 자세이다. 둘째, 그녀가 링크로 나설 때 사토 노부오 코치가 해준 말이 효과적이었기 때문이다.

당시 아사다 마오는 밴쿠버 올림픽에서 성공하지 못한 점프를 반드시 해내서 '4년 전 자신의 연기에 재도전하고 싶다'라는 마음으로 경기에 임했다고 한다. 과거의 자신과 싸웠던 것이다. 만약 그녀가 '김연아 선수를 이기고 싶다'는, 남과 자신을 비교하는 자세로 임했더라면 그렇게 멋진 연기를 해내기는 어려웠으리라.

이에 더해 사토 코치가 한 말이 큰 영향을 미쳤다.

"무슨 일이 있으면 선생님이 너를 도우러 갈 테니까 마음 놓고 해봐."

상대를 믿는 마음과 자신도 상대에게 최대한 도움을 주겠다는 강한 결의가 느껴지는 멋진 말이다. 이 한마디에 두 사람의 깊은 신뢰가 응축되어 있다. 이 말은 중요한 경기에 임해야 하는 아사다 마오 선수가 교감신경과 부교감신경을 모두 높게 유지할 수 있도록 해주었다. 지나치게 감정을 고무시키거나 긴장의 끈을 너무 느슨하게 만들지 않으면서 적절하게 동기 부여를 해준 것이다.

이 덕분에 그녀는 4년 전의 자신을 이기고, 어제의 자신도 극복하고, 결과적으로 김연아 선수의 순위까지는 미치지 못했지만 일본 국민들에게 감동을 선사할 수 있었다.

진정 우수한 지도자는 가장 마지막 순간에 건네는 말 한 마디로도 선수의 자율신경을 안정시켜 최고의 퍼포먼스를 이끌어낸다.

부부 사이를 한층 깊게 만드는 말, "고마워"와 "미안해"

얼마 전 후배 의사가 지병으로 세상을 뜨고 말았다. 임종 때 그는 자신의 아내와 딸에게 이 말을 남겼다고 한다.

"정말 고마워."

미국에서 자란 그는 나와 함께 럭비경기를 하던 학창시절에도 고맙다는 말을 자주 썼다. 그래서 이 이야기를 들었을 때는 역시 그답다는 생각이 들며 가슴이 뜨거워졌다. 물론 평소에도 '고마워'가 좋은 말이라고 생각했지만 마지막 순간에 그가 남긴 말을 전해 들으니 새삼 그 무게감을 실감할 수 있었다. 동시에 부부와 가족의 인연에 대해 생각해보게 되었다.

부부라는 관계는 정말 신기하다. 평생 함께 있고 싶다고 느낄 만큼 소중해서 결혼했는데, 어느 순간부터 남보다 무심하게 대하게 되는 경우가 많다.

하지만 부부는 엄청난 시간을 공유하게 된다. 예컨대 서른 살에 결혼했다고 가정해보자. 평일에는 평균 12시간 집에 있고, 연간 120일의 휴일이 있으며, 쉬는 날에 24시간 함께 보낼 경우 80세까지 산다면 총 29만 1,000시간이나 함께 있는 셈이다. 그러니 배우자는 자율신경의 균형을 유지하는 데 가장 중요한 존재임이 틀림없다.

이렇게 가까운 사이인 만큼 부부 사이에서는 싸움과 갈등도 자주 일어난다. 늘 사이좋게 풍파 없는 일상을 보내기란 거의 불가능하리라. 하지만 자신과 배우자의 자율신경을 바로잡아 안락한 가정을 꾸려나갈 수 있는 간단한 방법이 있다. 바로 다음 두 단어를 의식적으로 사용하는 것이다.

"고마워." "미안해."

감사와 사과는 소통을 위한 궁극의 처방이다.

이를테면 텔레비전을 보고 있을 때 아내가 "당신이 설거지 좀 해!" 하고 따지듯 말하는 것과 "여보, 시간 있을 때 설거지 좀 해줄래?" 하고 부탁하듯 말하는 것은 듣는 사람의 기분이 하늘과 땅 차이이다. 내가 후자의 말을 듣는다면 약간 귀찮은 생각이 들더라도 어쩔 수 없이 곧바로 텔레비전을 끄고 설거지를 할 것이다.

한편 말하는 쪽의 입장에서도 "고마워"와 "미안해"는 마법 같은 말이다. 처음에 이 말을 붙이고 시작하면 다음에 이어지는 말이 자연스럽게 부드러워지기 때문이다. 어떤 말이든 앞에 "미안한데"를 붙이면 따지듯이 말하기 어렵다. "미안해" 하고 먼저 상대방을 존중하면 "해줄래?" 하고 저절로 부드러운 말투가 되기 때문에 자율신경의 균형이 망가지지 않는다. 그러면 상대방이 쉽게 받아들이게 되어 부부 사이가 원만해지는 선순환이 일어난다.

나는 영국에서 유학한 경험이 있어서 평소에도 "땡큐 (thank you)"라는 말을 자주 쓴다. 어떨 때는 가수이자 배우인 타니무라 신지처럼 "고마워요오~" 하고 장난스럽게 말하기도 한다. 말투는 십인십색 달라도 감사와 사과의 마음을 솔직하게 전하는 것은 어떤 부부 사이라도 돈독하게 만드는 효과가 있다. 뿐만 아니라 이런 말을 아무리 많이 쓰더라도 돈은 한 푼도 들지 않는다. 돈도 들지 않고 장점만 가득한 이 말을 자주 사용하지 않는 것은 큰 손해이다.

부부 사이에 해서는
안 될 말

어떤 변호사에게 '이혼하는 부부는 서로에게 절대 해서
는 안 되는 말을 했기 때문이다'라는 이야기를 들은 적이 있
다. '당신의 존재 자체가 민폐이다', '당신과 결혼한 것을 후
회한다' 등의 말이 그에 해당한다. 상대방을 완전히 부정하
는 말을 썼으니 관계 회복이 힘든 것이 당연하다.

이렇게 두 번 다시 돌이킬 수 없는 말을 하지 않기 위해서
라도 평소에 말하는 연습을 해두는 게 좋다.

이를테면 부부가 오래 함께 지내다 보면 서서히 옷차림에
무심해지기 마련이다. 한껏 신경 써서 데이트하던 시절이
그리워 자기도 모르게 이렇게 말한 적은 없는가?

"당신 진짜 아줌마 같다~."

그러면 아내도 기분이 상해 똑같이 기분 나쁜 말로 되받아치게 된다. 옷차림에 신경 쓰기는커녕 서로의 혈류만 나빠질 뿐 이득이라고는 하나도 없다. 그러니 만약 아내 혹은 남편이 복장에 신경 쓰길 바란다면 상대가 괜찮은 옷을 입은 날 이렇게 말하는 것이 가장 좋다.

"그 옷 잘 어울리네!"

"나는 당신이 그 옷을 입은 모습이 좋아."

이런 말을 들으면 상대는 칭찬받은 기분이 들어서 더 멋을 부리고 싶은 마음이 들 것이다. 상대의 마음을 움직이고 행동을 바꾸게 하는 것 역시 말투에 달려 있다. 결국 평소 상대를 인정하고 존중하는 말을 사용하는 것이 원만한 부부관계를 만드는 비결이다. 반대로 상대를 부정하거나 깎아내리는 말투를 사용하면 관계가 삐걱대고 심한 경우 아예 회복이 불가능한 상황이 되기도 한다.

9장

일이 술술 풀리는
메일 속 말투

메일이나 휴대폰 문자는
대화보다 더 깊이 고민해서
진짜 의도를 전달해야
상대방이 오해하지 않는다.

메일이나 휴대폰 문자는 말 이상으로
자율신경을 무너뜨린다

메일이나 휴대폰으로 주고받는 문자도 말과 동일한 위력을 지니고 있어서, 경우에 따라 상대방의 자율신경을 마구 흔들어놓는다. 다음과 같은 특성이 있기 때문에 상황에 따라 대화보다 더 큰 위력을 발휘하기도 한다.

- 갑자기 받게 된다.
- 구체적인 형태로 남는다.
- 억양이 없어서 상대방의 진짜 의도를 가늠하기 어렵다.

대화는 캐치볼처럼 서로 주고받으며 일어나고, 입 밖으

로 나온 순간 바로 사라진다. 말에는 감정이 실려 있어서 표면상 드러나지 않은 뉘앙스도 함께 전달된다. 하지만 메일이나 문자는 다르다. 글자라기보다 단순한 전자의 집합체이다. 또 예상하지 못한 상대로부터 일방적으로 갑자기 받는 경우도 있어, 자율신경이 흐트러질 요소가 아주 많다.

한 조사에서 '지난 1년간 업무 메일을 받고 불쾌감을 느낀 적 있는가?' 하고 물었더니 절반 이상이 '그렇다'고 답했다. 불쾌감을 느낀 이유는 '예의가 없었다', '문장이 모호했다', '문장의 느낌이 쌀쌀맞았다' 등이 상위를 차지했다.

나 역시 메일을 이용할 때가 많은데, "오늘 강의 잘 부탁드립니다"라는 문장과 "선생님, 오늘 강의 잘 부탁드립니다"라는 문장을 읽을 때 서로 느낌이 다르다. 전자는 사무적이지만 후자는 '선생님'이라는 한 단어를 덧붙인 덕분에 친근한 느낌이 든다. 물론 두 문장 사이에서 별 차이를 느끼지 못하는 사람도 있을 것이다. 말하자면, 메일은 받는 사람이 자기 식대로 해석할 여지가 있다는 것이다.

메일을 쓸 때는 말할 때보다 더 많이 고민해야 상대방의 오해를 사지 않고 진짜 의도를 정확하게 전달할 수 있다. '메일 속 말투' 역시 무척 중요하다.

메일은
간결하게 쓰는 것이 원칙

　나는 형식을 갖춘답시고 서론을 지나치게 길게 쓴 메일을 받으면 기분이 나빠진다. 소중한 업무시간을 낭비하게 되기 때문이다. 당연하지만 메일을 읽는 동안에도 시간은 계속 흘러간다.

　서로 얼굴을 보고 협의하는 경우에는 상대방이 시간을 내주고 있다는 것을 의식하게 되지만 메일을 쓸 때는 그 점을 잊기 쉽다. 그래서 내 메일이 상대의 시간을 빼앗고 있음을 분명히 인식해서 불필요한 내용을 늘어놓는 것을 경계해야 한다.

　나는 메일 내용을 가능한 한 간결하게 쓰려고 노력한다.

이때 주의해야 할 점이 있다. 앞에서 말했듯이 메일은 그저 전자의 집합체여서 정확한 뉘앙스를 전달하기 어렵다. 또 쉽게 보낼 수 있는 특징 때문에 말투가 너무 건조하면 '화났나?' 하고 상대방을 불안하게 만들어서 괜한 스트레스를 줄 수도 있다.

이럴 때 이모티콘이 유용하게 쓰인다. 문장 끝에 웃는 모양의 이모티콘을 넣었다면 메일 내용이 부정적이지 않다는 게 분명해진다. 전달하기 껄끄럽고 부담스러운 내용도 이모티콘을 덧붙이면 한결 부드럽게 전해진다.

'업무 메일에 어떻게 이모티콘을 써?' 하고 생각할 수도 있을 것이다. 물론 상사나 손윗사람에게는 나름의 형식이 필요하다. 하지만 같은 팀원끼리나 자주 업무 협조를 해야 할 사이라면 이모티콘을 넣어 보내는 것이 충분히 효과적이다.

화날수록
이모티콘을 쓰자

나는 화났을 때 일부러 더 이모티콘을 붙이려고 노력한다. 이를테면 이런 느낌이다.

"반성하란 말이얏! * ` ⌒´*"

화내는 말 뒤에 분노를 나타내는 이모티콘을 덧붙이는 것이다.

이렇게 하면 자신이 화났다는 사실을 전달하면서도 진지하게 화난 느낌은 주지 않기 때문에 받는 사람이 덜 부담스럽다.

아무리 그래도 이모티콘을 쓰기가 망설여진다면 어미만 조금 바꾸는 방법도 있다.

부하직원에게 지시한 기획서가 늦어질 때를 예로 들면, "기획서, 어떻게 됐지?"가 아니라 "기획서, 빨리 올리삼~!" 하고 보내는 것이다.

이런 식으로 문장의 어미를 살짝 바꾸기만 해도 이모티콘과 마찬가지로 진지하게 화난 느낌은 들지 않으면서 전하고 싶은 뜻을 분명히 전달할 수 있다.

처음에는 좀 민망할지도 모른다. 하지만 메일을 보내는 목적을 분명히 인식한다면 오히려 이모티콘을 쓰는 것이 더 효과적이라는 것을 알게 될 것이다.

메일을 보내는 목적은 상대방의 마음을 움직여 행동으로 옮기게 하고 결과를 내기 위해서이다. **사무적인 딱딱한 말투로 상대방에게 불쾌감, 조바심, 긴장감을 느끼게 해서 업무 능률을 떨어뜨릴 필요가 없다.**

어떻게 하면 상대방이 기분 좋게 효율적으로 일할 수 있을지, 어떻게 하면 상대방의 자율신경이 균형을 이룰지 생각해보기 바란다.

고마운 마음을 전할 때는
집요하리만치 형태를 남기자

고마운 마음을 전할 때도 메일이 효과적이다.

"선생님! 정말, 진심으로 감사합니다!!"

이런 메일을 받으면 상대가 진심으로 고마워하는 마음이 느껴져 몇 번이고 되풀이해서 읽게 된다. 이는 누구나 마찬가지일 것이다. 그래서 감사의 마음을 전할 때는 금방 사라지는 말보다 메일로 구체적인 형태를 남기는 쪽을 추천한다.

반대로 사과를 할 때는 평소에 주로 메일을 주고받는 사이라 하더라도 직접 전화를 걸어 말하는 게 낫다. 그 순간 바로 상대방의 반응을 파악할 수 있기 때문이다. 메일을 보내면 답장이 언제 올지 알 수 없어서 기다리는 동안 초조한 상태가 지속되고 상당한 스트레스를 받게 된다. 즉 자율신경의 균형이 무너진다. 따라서 사과할 때는 용기를 발휘해 전화를 걸어 직접 말하는 것이 좋다.

감사의 말이든, 사과의 말이든 메일은 구체적인 형태로 남는다는 사실을 잊지 않는 것이 중요하다. 형태로 남는다는 것은 상대방이 언제든 다시 읽어볼 수 있다는 뜻이다. 상대방이 다시 그 메일을 보면 어떤 감정을 느낄까? 이 점을 신중히 고려해서 메일을 잘 이용해야 한다.

참고로, 나는 기분 나쁜 메일을 받으면 읽고 바로 지워버린다. 흐트러진 자율신경을 바로잡고 싶기 때문이다. 불쾌한 감정을 불러일으키는 메일을 일부러 보관해둘 필요가 없다. 즉시 휴지통으로 보내고 기분을 전환하는 것이 더 현명하다.

글씨를 정성스럽게 쓰면
말투도 달라진다

직장에서는 메일뿐만 아니라 포스트잇으로 서로 소통하는 경우가 많다. 전화 내용을 포스트잇에 써서 동료 책상에 붙여둔다거나 부탁 내용과 함께 "잘 부탁해!" 하고 써두는 식으로 직접 글씨를 쓸 기회도 의외로 많다.

이럴 때 업무가 바빠서 자기도 모르게 글씨를 휘갈겨 쓰기 쉬운데, 그럴수록 더 정성스레 쓰려고 노력해보자. 글씨가 난잡하면 여유가 없고 마음이 흐트러져 있다는 증거이다. 그러면 글씨를 쓴 자신은 말할 것도 없고, 그 메모를 받은 상대방에게도 어수선한 느낌이 전달되어 자율신경이 망가지고 만다.

내가 영국에서 만난 의사들은 진료 기록 카드에 내용을 기록할 때 누가 보더라도 한눈에 알 수 있도록 무척 정성스레 글씨를 썼다. 그렇게 하는 이유는 진료 내용을 정확하게 기록하기 위해서이지만 동시에 자신의 마음도 차분하게 정리하고 진료 내용도 한 번 더 점검하는 것이다.

글씨를 정성스럽게 쓰면 자율신경이 안정된다. 그리고 자연스럽게 말투도 차분하게 바뀐다. 업무 중에 직접 글씨를 써야 한다면, 고작 메모라고 하찮게 생각하지 말고 또박또박 알아보기 쉽게 써보자. 글씨는 자신의 마음과 자율신경의 상태를 그대로 비춰주는 거울이다.

10장

삶이 윤택해지는 말투

인생을 헤매는 사람을
격려하는 말,
"조급하게 굴 필요 없어!"

어떤 말을 쓰느냐에 따라
삶의 질이 달라진다

일은 원래 힘들고 지루한 것이라고 생각하는 사람도 있을 것이다. 그러나 생각하기에 따라 일은 얼마든지 보람 있고 즐거운 것이 될 수 있다. 더 나아가 일 속에서 자신의 존재 이유와 의미를 찾는 것도 가능하다.

그럼, 그 생각들은 어디에서 비롯될까? 많은 부분이 어떤 말을 쓰느냐에 달려 있다. '일은 지루한 것'이라는 말을 받아들이면 그것이 사실이 되고, 반대로 '일은 보람 있고 즐거운 것'이라는 말을 받아들이면 그것이 사실이 된다.

이를테면 '잡일'이라는 단어가 있다. 보통 하찮고 자질구레한 일을 그렇게 부른다. 그런데 같은 일도 어떤 사람에게는 잡일이 되고, 또 누군가에게는 다음 일을 하는 중요한 열쇠가 되기도 한다.

"이 잡일 좀 처리해줄래?"

"이 일은 다음 일의 열쇠가 될 거야. 그러니까 자네한테 맡기고 싶어."

위의 두 말을 들었을 때 부탁받은 사람이 일에 임하는 자세가 크게 달라진다. 전자의 말을 들으면 '왜 하필 내가 이걸 해야 하지?' 하는 생각에 귀찮아지면서 혈류가 나빠지고 일에 집중하지 못하게 된다. 반면 후자의 말을 들으면 '좋아, 열심히 해야지!' 하는 의욕이 일면서 혈류가 좋아지고 활력이 생겨 빠르게 해결할 수 있다.

지금 자신이 하는 일이 가치 있고 보람된 일이 될지 무의미한 시간낭비가 될지는 스스로 그 일을 어떻게 말하는지에 달려 있다. '잡일'을 하는 사람이 될지, '미래에 대한 투자'를 하는 사람이 될지는 자신의 선택에 달려 있다.

눈앞의 일을 소중히 여기고 성실히 해나가는 것이 바로 인생을 윤택하게 만드는 방법이다. 매일매일의 그 경험과 과정이 쌓여 결국 인생이 되는 것이다.

내게 힘이 된 말
"take it easy!"

　나는 지독한 일벌레여서, 자율신경 연구를 시작하기 전에
는 아무리 컨디션이 나빠도 일을 쉬지 않는다는 규칙을 세
우고 실천하며 살았다.

　몸 상태가 안 좋아도 아침 7시에는 병원에 출근하고 밤 12시
넘어서까지 일하는 게 다반사였다. 사사로운 이유로 일을
쉰 적은 한 번도 없었고 여름휴가도 거의 가지 않았다. 하지
만 그런 생활을 이어가다 보니 30세를 기점으로 체력이 현
저히 떨어지는 것을 느낄 수 있었다.

　그때까지는 조금만 자고 나면 금방 체력이 회복됐는데,
30세 이후로는 여간해서는 피로가 풀리지 않고 두통과 부

정맥 때문에 고생하게 되었다. 일 년 내내 감기를 달고 살았고, 정신적으로도 여유가 없어서 늘 신경이 곤두서 있었다.

자율신경을 연구하고 있는 지금은 그것이 단순 피로가 아니라 자율신경이 흐트러져서 생긴 결과라는 사실을 알지만, 당시에는 그저 단순히 피곤해서 그렇다고 여겼다.

특히 내가 런던으로 유학을 떠나 임상의로 일한 초기에는 언어 핸디캡 때문에 자율신경의 균형이 최악이었다. 그때 한 동료가 내게 이런 말을 해주었다.

"take it easy!(편하게 해!)"

그 말을 들은 순간, 내 안에 팽팽하게 당겨져 있던 긴장의 끈이 탁 풀리는 것을 느꼈다. 그리고 그때까지 무턱대고 열심히 하기만 했던 것과 다른, 평온한 에너지가 끓어올랐다. 그 한마디가 없었더라면 어쩌면 나는 완전히 '고장'이 났을지도 모른다. 'take it easy'라는 한마디는 내 인생이 앞으로 나아갈 수 있도록 뒤에서 밀어준 정말 소중한 말이다.

어떤 일이든 무턱대고 열심히만 하면 오래가지 못한다. 몸과 마음이 망가지기 때문이다. 삶을 윤택하게 만들기 위해서는 평온하게, 그러면서도 확실하게 에너지를 모아 하루하루 도전해나가는 것이 중요하다.

혼잣말로
자신을 컨트롤하기

말에는 상대방의 느낌과 자신의 느낌이라는 두 가지 측면이 있다. 내가 말을 한 순간, 상대가 어떤 느낌을 받는 것과 동시에 나 자신도 그 말에 영향을 받는 것이다.

예컨대 출퇴근 시간 지옥철에서 발이 밟혔을 때,

"어떤 놈이야?"

하고 말하는 것과

"아, 아프네!"

하고 말하는 것은 자신에게 미치는 영향이 다르다.

전자는 화를 그대로 표출하는 화법이다. 이렇게 하면 그렇지 않아도 신경이 날카로운 상황에서 더 짜증이 나고 자율신경의 균형도 흐트러진다. 한편, 후자는 단순히 아프다는 사실을 혼잣말처럼 내뱉는 화법이다. 아프다는 생각을 꾹 참은 것도 아니고 상대를 비난하는 것도 아니다. 이렇게 혼잣말을 하면 스트레스를 발산하면서 동시에 자기 자신을 컨트롤할 수 있다.

발 디딜 틈 없는 출퇴근길의 지하철에서는 누구라도 의도하지 않게 다른 사람의 발을 밟을 수 있다. 일부러 그렇게 한 것이 아니라면, 굳이 상대에게 화를 내 나 자신의 자율신경까지 흐트러뜨릴 필요는 없다.

이럴 때는 혼잣말을 중얼거려서 스트레스를 해소해보자. 일단 말을 입 밖으로 내뱉어서 표현하고 나면 답답함이 풀리면서 자율신경이 균형을 되찾게 된다. 또 혼잣말은 작게 중얼거리는 말투이기 때문에 그 일이 별일 아니라는 생각이 들면서 마음이 차분해진다.

아무 이득도 없는 일에 화를 내서 하루를 망치는 것은 어리석은 일이다. 이런 작은 노하우를 잘 활용하면 인생이 더욱 여유로워지지 않을까?

인생을 헤매는 사람을 격려하는 말, "조급하게 굴 필요 없어"

사람은 선택지가 많으면 많을수록 오히려 아무것도 못 하게 된다.

대학시절 럭비 시합 도중에 사고를 당해 이후 줄곧 휠체어에 의지하게 된 유키시타 선생은 "어쩌면 그렇게 열심히 할 수 있어?"라는 내 질문에 이렇게 대답했다.

"열심히 하고 말고의 문제가 아니에요. 사실 저한테는 이 것 말고 다른 선택지가 없었으니까요."

장애를 겪게 되면서 그에게는 선택할 수 있는 여러 선택지가 사라졌고, 오로지 자신이 할 수 있는 일을 열심히 해야 하는 길만 남게 되었다. 하지만 이 때문에 그는 그 길에서 무척 많은 것을 성취할 수 있었다. 남들이 여러 길을 기웃거리기만 하면서 정작 아무 것도 이루지 못한 시간에 그는 일에서 보람과 즐거움을 찾고, 많은 결과물도 남길 수 있었다.

요즘 세상에는 정보가 차고 넘쳐서, 자신에게 정말 필요한 정보를 구별해내기가 몹시 어렵다. 결혼만 하더라도 그렇다. 예전에는 주로 친인척의 소개로 선을 봐서 결혼했는데, 요즘에는 결혼 정보 회사나 SNS를 통한 만남 등 방법이 아주 많아져서, 오히려 자신의 동반자가 될 오직 한 사람을 찾기가 어려워졌다.

이렇게 정보가 너무 많아 인생을 헤매는 사람에게 한마디 해준다면, 이런 말이 어떨까?

"조급하게 굴 필요 없어."

조바심내지 않고 차분히 임하다 보면 분명 답이 보이게 된다. WHO가 발표한 2014년 '세계 보건 통계'에 따르면 일본 여성의 평균 수명은 87세로, 전 세계에서 가장 높았다. 남성은 80세로 8위를 차지했다. 인생 90년 시대도 꿈이 아니다. 빨리 답을 찾아내려고 하지 말고 자신의 인생을 한 걸음 한 걸음 나아가면 된다. 인생은 그 자체로도 무척 의미 있는 여정이다.

11장

'듣기의 달인'이 되면
인생이 달라진다

불쾌한 말은
웃으면서 한 귀로 흘리고,
불합리한 질책은
"알겠습니다" 하고 적당히 넘긴다.

언어공격에 대한
방어법을 익혀라

지금까지는 '말하는 법'에 대해 설명했다. 말투는 자율신경과 밀접한 관계가 있기 때문에 올바른 말투를 쓰면 자율신경이 바로잡히고, 자율신경이 바로잡히면 어떤 상황에서도 안정적인 말투를 쓸 수 있다. 선순환이 일어나는 것이다.

그런데 우리는 자신이 말을 할 때도 있지만 상대방이 하는 말을 들을 때도 많다. 따라서 남의 말을 어떤 식으로 받아들이는지도 무척 중요하다. 11장에서는 다른 사람의 말을 들을 때의 요령, 특히 언어공격에 효과적으로 대응하는 법에 대해 설명하겠다.

예를 들어 상사가 이렇게 말했다고 해보자.

"넌 일 처리가 너무 느려. 하지만 정확해."

"네 일 처리는 정확해. 하지만 너무 느려."

전자는 칭찬하는 말이지만 후자는 결코 칭찬이라고 할 수 없다. 둘 다 같은 내용을 전달하지만 어구의 나열 순서에 따라 말의 요지가 달라진다. 만일 후자의 말을 듣고 부정적인 방향으로 해석하면 스스로 자율신경의 균형을 무너뜨리게 된다. 이럴 때 어떤 식으로 대응하는 것이 자신에게 더 유리한지 알고 있어야 한다.

말하는 사람이 자신의 말투에 신경 써야 하는 것은 당연하다. 그러나 듣는 사람 역시 불쾌한 기분이 들지 않도록 방어법을 익힐 필요가 있다. 부정적인 말을 효과적으로 받아넘겨 스트레스로부터 몸을 지키는 '듣기의 달인'이 되어야한다. 자율신경의 원리를 이해하면 별로 어렵지 않다. 지금부터 그 방법들을 소개하겠다.

'듣기의 달인'이 되면
무슨 말을 들어도 끙끙 앓지 않는다

　자기가 하는 말은 스스로 컨트롤할 수 있지만, 안타깝게도 남이 하는 말은 어떻게 손쓸 방법이 없다. 아무리 말투에 신경 써서 자율신경의 균형을 유지하려고 노력해도, 남에게 기분 나쁜 말을 듣는 순간 자율신경의 균형이 망가진다. 심지어 심각한 언어공격은 대개 불시에 겪을 때가 많기 때문에 미리 대처하기가 무척 어렵다.

　하지만 포기할 필요는 없다. 상대방의 언어공격을 미리 막을 수는 없어도 말을 들었을 때 취하는 태도, 즉 '듣는 법'에 따라 얼마든지 자율신경의 균형을 유지할 수 있다. 즉 '듣기의 달인'이 되면 된다.

예를 들어서 상사가 "이제 겨우 다 했어? 너무 늦었잖아!" 하고 말했다고 가정해보자. 이럴 때는 '난 왜 이렇게 일 처리가 늦을까?' 하고 받아들이지 말고 '늦었지만 해냈다' 하고 해석한다. 부정적인 내용 속에서 긍정적인 요소를 찾아내, 내가 듣기 좋은 쪽으로 받아들이는 것이다.

우리는 결코 다른 사람을 바꿀 수 없다. 하지만 자신은 얼마든지 바꿀 수 있다. 바꿀 수 없는 상대의 말이나 평가에 연연하기보다 어떻게 하면 자신의 흐트러진 마음을 빨리 원래 상태로 되돌릴 것인지에 초점을 맞춰야 한다. '그렇게 자기 좋은 대로만 해석해서는 문제를 해결할 수 없지 않아?' 하고 생각할 수 있을 것이다. 하지만 언어공격을 받았을 때 자책하거나 분노한다고 해서 문제가 해결되지는 않는다. 오히려 더 긴장해서 또 다른 실수를 저지르기 쉽다.

다른 사람의 언어공격을 받았을 때 혼자 끙끙 앓지 말고 어떻게 하면 내 자율신경의 균형을 유지할 수 있을까를 고민하자. 자율신경이 바로잡혀야 비로소 문제점도 보이고 해결책도 떠오른다.

불쾌한 말은 웃으면서
한 귀로 흘리기

상대방의 부정적인 말을 긍정적으로 해석하는 것은 쉽지 않은 일이다. 상대방이 호되게 몰아붙여서 도저히 긍정적인 요소를 찾을 수 없을 때도 있을 것이다. 그럴 때는 그냥 한 귀로 듣고 한 귀로 흘리자.

'듣기의 달인'이라 할 만한 유명 뮤지션에 관한 에피소드가 있다. 어느 날 그가 콘서트를 하던 중에 관중석에서 기분 나쁜 야유가 날아들었다. 그러자 그는 태연하게 이렇게 말했다.

"난 저런 말 신경 안 써. 저 녀석, 분명 내일 회사에 가면 나랑 얘기했다고 자랑할걸?"

콘서트홀은 순식간에 웃음바다가 되었고, 더 이상 야유가 날아들지 않았다.

그는 자신에게 야유하는 상대를 상대하지 않으면서 한 수 위의 여유 있는 태도로 불편하고 어색한 분위기를 단숨에 끊어내는 데 성공했다. 그리고 스스로 자율신경의 균형을 유지해 수준 높은 공연을 펼쳤다.

이 뮤지션이 바로 '듣기의 달인'의 좋은 예이다. 대개 비난이나 야유를 받으면 화가 나서 충동적으로 말을 되받아치고, 분위기를 험악하게 만들어버리게 된다. 하지만 그는 꾹 참고 한 수 위의 대응을 보여줌으로써 상대를 제압하고 자신의 역량을 최대한 발휘했다.

우리도 누군가로부터 불쾌한 말을 듣게 된다면 감정적으로 되받아치지 말고 한 수 위의 여유 있는 태도로 응수하자. 상대에게 휘둘리지 않고 내 목표와 이익에 집중하는 것이 더 현명한 태도이다.

손바닥을 쫙 펼치면
'듣기의 달인'이 된다

앞에서 뮤지션의 예를 들어 설명했지만, 실제로도 뮤지션들은 자율신경의 균형이 바로잡혀 있는 경우가 많다. 뮤지션뿐만 아니라 자신의 본성을 따르는 천직을 가진 사람들은 특별히 의식하지 않아도 듣기의 달인이 될 가능성이 많다.

그러나 세상 사람 모두가 자신의 천직을 찾을 수 있는 것은 아니다. 특정한 이익이나 목적을 위해 만들어진 인위적인 조직 속에서 자율신경의 균형을 흐트러뜨리며 일하는 사람이 대부분이다. 하지만 어떤 환경에서도 '듣기의 달인'이 될 수 있는 방법은 있다. 아주 쉽고 사소하지만 유용한 방법이다.

예컨대 회사에서 부당한 이유로 혼나는 경우가 있다. 상사 A에게 지시받은 일을 실행했는데 그 일을 했다고 상사 B에게 혼나는, 어이없는 일도 조직 속에서는 흔히 일어난다. 그렇다고 해서 사실대로 상사 A의 책임이라고 주장할 수도 없는 노릇이다. 마음속에 불만이 잔뜩 쌓이는 순간이다.

그럴 때 사람은 무의식중에 주먹을 불끈 쥔다. 특히 엄지를 안에 넣고 주먹을 꽉 쥐면 부교감신경이 내려가서 긴장감이 높아진다. 야구나 골프를 할 때도 엄지에 힘을 줘서 배트 혹은 클럽을 쥐면 마음먹은 대로 휘두를 수 없다. 몸이 굳어 전신의 근육을 잘 쓸 수 없게 되어버리기 때문이다. 주먹을 강하게 쥐면 부교감신경이 내려간다는 것은 실험을 통해서도 밝혀진 사실이다.

누군가에게 부정적인 말을 들었거나 억울한 상황에 처해 화가 난 나머지 주먹을 꽉 쥐게 될 때가 있다. 이때는 즉시 다시 활짝 펼치기 바란다. 그렇게 하면 부교감신경이 내려가는 것을 막고 화를 통제할 수 있게 된다. 화를 통제해서 자율신경이 균형을 이룬 상태가 되어야 자신에게 유리한 판단과 결정을 내릴 수 있다.

화를 자각하면 50%는
가라앉는다

화가 났을 때 스스로 '내가 지금 화가 나는구나' 하고 알아차리는 것도 '듣기의 달인'이 되는 방법이다. 어떤 말을 듣고 화가 난 순간에 '너무 화가 나서 그냥 이대로 있다가는 폭발할 것 같다'라는 식으로 자신의 감정을 객관화해서 바라보는 것이다.

사람의 감정은 참 신기해서, 스스로 화를 자각한 순간 50%는 가라앉는다. 화가 나면 그 순간 교감신경이 쑥 올라간다. 이때 자신의 화를 객관화해서 바라보면 부교감신경이 높아진다. 그리고 더욱 깊게 심호흡하면서 숫자 10까지 헤아리면 부교감신경이 더 높아지면서 상황을 냉정하게 판단

할 수 있게 된다.

나머지 50%의 짜증과 화는 그 자리를 피하는 방법으로 해소할 수 있다. 계속 그곳에 있으면 말을 내뱉는 스위치가 눌러질 위험이 있기 때문에 일단 말하지 않아도 되는 상황으로 바꾸는 것이 좋다.

"잠시 실례 좀 할게요."

이렇게 말한 뒤 일단 그 자리를 피하자. 그리고 침묵을 지키자. 어느 정도 시간이 지나고 나면 평정심에 가까운 상태로 돌아오게 될 것이다. 화가 날 때는 교감신경이 급격히 상승하기 때문에 부교감신경을 높이는 행동을 취해야 자율신경을 안정시킬 수 있다. 심호흡하기, 침묵하기, 명상하기 같은 방법이 효과적이다.

교감신경과 부교감신경의 작동원리를 이해하면 순간적으로 화가 치미는 상황에서도 한결 수월하게 화를 컨트롤할수 있고, 실수를 예방할 수 있다.

부당한 질책은 "알겠습니다"로
적당히 받아넘기기

살다 보면 일방적으로 부당한 질책이나 비난을 받게 되는 상황도 생긴다. 상대방의 질책이 한바탕 지나가고 리액션을 취해야 할 때는 어떤 말을 하는 것이 가장 좋을까? 나라면 이런 식으로 받아넘기겠다.

"알겠습니다."

5장에서도 '알겠습니다'라는 말의 장점에 대해 다루었는데, 이 말은 상황을 적당히 받아넘길 때도 무척 편리하다.

요컨대 자율신경이 흐트러진 상태에서는 상대방과 같은 공간에 계속 있으면서 충돌하지 말고, 일단 그 자리를 피하는 것이 중요하다. 구체적으로 어떻게 대처할지는 화를 조금 가라앉혀서 혈류가 원활해지고 냉정한 판단이 가능해지면 그때 천천히 생각하면 된다.

말은 그 특성상 일단 내뱉고 나면 끝이다. 다시 주워 담을 수 없고 나중에 사과나 해명을 하더라도 없었던 일이 되지 않는다. 한 번의 말실수가 두고두고 문제의 불씨가 되기도 한다.

부당한 일을 당해 화가 난다고 해서 그 자리에서 하고 싶은 말을 다 해버리면, 상황을 돌이킬 수 없다. 상대방의 부당한 질책과 말투가 문제의 원인인데, 결과적으로 내가 상황을 망가뜨린 책임을 지게 된다. 그러면 상대에게 사과를 받아내기는커녕 오히려 내 평판만 나빠지게 된다. 많은 사람들이 순간적인 감정을 참지 못해서 이런 어리석은 실수를 저지른다.

아무리 순발력 있고 논리적인 사람이라 하더라도 순간적으로 화가 나서 교감신경이 높아진 상태에서는 현명하게 대처할 수 없다. 이때는 바로 자신의 생각을 말하기보다 일단 "알겠습니다"라고 한 뒤 자리를 피하자. 그리고 상황을 정확하게 파악한 뒤 어떻게 대응할지 결정하자.

12장

인생의 중요한 순간에는
자기 자신과 대화하기

눈을 감고 5분,
남에게 들리지 않는
공간에서,
자기 자신과 대화를 나누자.

자신에게
어떻게 말을 걸 것인가

지금까지는 다른 사람에게 말할 때, 그리고 다른 사람의 말을 들을 때에 대해 이야기했다. 하지만 사실 **가장 중요한 것은 자기 자신과 나누는 대화이다.**

자기 자신과의 대화는 남이 개입하지 않기 때문에 전적으로 자신에게 달려 있다. 실수를 저질렀을 때, 어떤 사람은 '왜 난 이런 것도 못할까?' 하고 물을 것이고, 또 어떤 사람은 '그 부분을 게을리한 게 문제였어. 좋아, 다음에는 어떻게 하면 실수를 막을 수 있을까?' 하고 자문할 것이다. 그리고 또 어떤 사람은 그런 것을 자문자답할 여유도 없이 그저 시간을 흘려보내리라.

아마 대부분은 자기 자신에게 질문을 던지지 않을 것이다. 실수를 되짚어보기는 하더라도 자신과 자신은 언제나 '직통'이므로 굳이 일일이 자문하지 않고 그저 느낌만으로 답을 도출하는 습관을 갖고 있을 것이다.

하지만 '자기 자신과 대화하기'를 의식적으로 실천하는 것은 무척 중요하다. 혼잣말처럼 일방적으로 짧게 내뱉는 것이 아니라 또 다른 내가 나에게 '말을 거는 것'이다. 무슨 일이 일어나면 머릿속으로 슬쩍 넘기지 말고, 눈을 꼭 감고 5분 동안 자기 자신을 똑바로 대면하면서 실제로 소리 내어 대화하기 바란다.

포인트는 마음속으로 하는 게 아니라 직접 소리 내 말하는 것이다. 머릿속으로만 대화하면 감정이 그대로 오가기만 할 뿐이어서 '말이 빨라지게' 된다. 이미 여러 번 말했듯이 말을 할 때는 '천천히' 하는 것이 중요하다. 자신과 대화할 때도 실제로 소리를 내면 자연스레 천천히 말이 나오고, 자신의 말이 귀를 통해 들림으로써 내용을 객관적으로 바라볼 수 있게 된다.

내가 이처럼 '자기 자신과 대화하기'를 중요하게 생각하는 이유는 그동안 의사로 일하면서 죽음의 문턱 앞에 섰던 환자를 많이 보아왔기 때문이다.

암 선고를 받으면 누구나 깊은 절망에 빠진다. '왜 내가 이런 일을 당해야 하지?' 하고 견딜 수 없는 감정에 휩싸이고 만다. 하지만 거기서 끝내지 않고 자신과 대화를 이어나가길 바란다. 그렇게 하면 다음과 같은 방식으로 말을 할 수 있게 될 것이다.

자신 A "최악의 결과네. 왜 암 따위에 걸리고 만 걸까?"

자신 B "하지만 국민의 절반이 암으로 죽는다잖아?"

자신 A "그건 그래. 나만 이런 감정을 맛보는 게 아닐 거야."

자신 B "맞아. 생각하기에 따라서는 차라리 조기에 발견한 것이 다행이야."

자신 A "신이 나한테 아직 살 기회를 준 건지도 몰라. 배부른 소리 하면 안 돼."

자신 B "울면서 지내는 것보다 지금 할 수 있는 일을 생각하면서 맞서는 게 나아."

자신 A "암을 극복하면 두 번째 삶을 얻었다고 생각하고 주변 사람들한테 감사하며 살아야겠어."

자신 자신과 대화하기

자신
A
"왜 이런 결과가
되었을까?"

자신
B
"그때 그랬던 게
원인일까?"

눈을 감고 5분간 대화한다.

생명의 위기에 처한 사람이 이런 식으로 자기 자신과 대화하는 것은 하루아침에 되는 일이 아니다. 하지만 이런 식으로 매일 조금씩이라도 대화를 이어가다 보면 그 과정에서 분명 남은 인생을 긍정적으로 살아낼 답이 보일 것이다.

유한한 생명을 다루는 직업을 가진 나는 시간의 소중함을 느낄 기회가 아주 많다. 생명에도 시간에도 한계가 있다. 인생은 두 번 다시 되돌릴 수 없기에 더욱 소중하다.

때로는 쳇바퀴 같은 일상에서 한 걸음 물러나 생명의 유한함에 대해 생각해보자. 우리 모두는 언젠가 인생의 마지막 순간에 직면하게 될 것이다. 그 사실을 분명하게 의식하고 자기 자신에게 말을 걸어보기 바란다. 인생의 마지막 순간 무엇을 가장 아쉬워할지, 후회 없는 인생을 살기 위해서는 무엇을 해야 할지 자기 자신과 대화를 나눠보자. 그 경험이 인생의 중요한 터닝포인트가 되어줄 것이다. 생명의 유한함을 의식하고 인생의 모든 순간을 소중히 여기며 후회 없이 보내기를 바란다.

타인의 질책을
그대로 자신에게 던지지 않기

　업무상 큰 실수를 저지르면 일단 수습하는 데 급급해서 자신과 제대로 대화할 여유가 없다. 주위에서 비난의 화살이 날아오기 때문에 그 말을 '자신이 자기에게 하는 말'로 착각할 때도 있다. 하지만 상사로부터 "너, 이 일이 적성에 안 맞는 거 아니야?" 하는 말을 들었다고 해서 그걸 그대로 자신에게 던질 필요는 없다. 그 말은 어디까지나 남이 내게 한 말이지 자기 자신에게 하는 말과는 다르기 때문이다.

　업무에서 실패를 겪었을 때 남의 말에 현혹되지 말고 다음과 같은 말을 자기 자신에게 들려주자.

자신 A "정말 열심히 했어?"

자신 B "어쩌면 어떤 부분에서는 안일했는지도 몰라."

자신 A "늘 해서 익숙한 일이라고 방심했던 거 아니야?"

자신 B "그게 결과로 나와 버린 건가 봐. 반성해야겠어."

자신 A "물론 반성은 필요하지만 이미 실패해버린 건 되돌릴 수 없어."

자신 B "그래, 너무 자책하지 말자. 실패한 건 어쩔 수 없고, 중요한 건 앞으로야. 어떻게 해나갈지 고민해보자.

실수한 직후에는 대개 마음의 여유가 없겠지만, 단 5분만이라도 상관없다. 남에게 들리지 않는 공간에서 자기 자신과 대화를 나눠보자. 그렇게 하면 서서히 자율신경의 균형이 바로잡혀서 실수를 질질 끌지 않고 만회해나갈 수 있다.

싫은 상대는
'안타까운 사람'이라고 여기기

살아가는 동안 우리는 끊임없이 걱정하고 고민한다. 그 중에서도 많은 비중을 차지하는 것이 바로 인간관계에 대한 고민이다.

어릴 때나 학창시절에는 마음 맞는 친구들끼리만 그룹을 형성해서 놀 수 있었지만, 사회인이 된 후로는 그렇게 하는 것이 불가능하다. 대하기 껄끄러운 상대가 있어도 직장 동료이거나 거래처 사람이라면 쉽사리 관계를 끊을 수 없다.

그럴 때도 자기 자신과 나누는 대화가 큰 도움이 된다. 상대방을 바꿀 수는 없으니, 자신이 느끼는 그의 이미지를 수정하거나 마음가짐을 바꿈으로써 상황을 호전시켜야 한다.

자신 A "저 사람, 싫은 구석도 많지만 좋은 점도 있겠지?"

자신 B "아니, 하나도 없는데? 저런 최악의 인간은 본 적이 없어."

자신 A "기분 나쁜 녀석인 건 맞는데, 일은 잘하잖아……."

자신 B "하긴. 앞으로 세 번만 더 참아보고, 그래도 싫으면 회사를 옮기는 것도 방법이지."

자신 A "맞아. 조금만 더 참고 그때까지는 '안타까운 사람' 이라고 여겨보자고."

자기 자신과 이런 대화를 하다 보면 어느새 냉정함을 되찾게 된다. 상대가 쉽게 욱하는 성미라고 해도 똑같이 맞받아치지 않고 그냥 넘기게 된다.

고민을 글로 써서 푸는 사람도 많은데, 나는 글보다는 말로 하는 편이 더 낫다고 생각한다. 글은 형태로 남기 때문에 나중에 다시 보면 또 안 좋은 기억이 되살아난다. 하지만 말은 내뱉은 순간 사라져버린다. 자기 자신과 대화하면서 풀면 마치 사우나에서 땀을 쑥 빼듯이 속이 시원해질 것이다.

누군가를 미워하는 마음이 들 때
자기 자신과 대화하기

인간관계의 고민이 좀 더 깊어지면 누군가를 미워하는 감정이 싹트기 마련이다. 하지만 다른 사람을 미워하며 시간을 낭비하는 건 어리석은 행동이다. 인생은 한 번뿐이고, 시간은 지금 이 순간에도 쉬지 않고 흐르고 있다. 손으로 퍼 올린 모래가 손가락 사이로 조금씩 새나가듯이, 우리도 모르는 사이에 우리에게 주어진 소중한 시간이 허비되고 있다. 그럴 때 다음과 같이 대화를 나눠보면 어떨까?

자신 A "그 녀석은 절대 용서 못 해."

자신 B "그렇게 생각하는 내 얼굴을 거울로 확인해봐. 그 녀석처럼 미운 얼굴이야."

자신 A "하지만 감정이 주체가 안 되는걸."

자신 B "그 녀석 때문에 얼굴이 미워지면 나만 손해야. 내 인생이 아까워."

자신 A "더 혼란스러워지는 건 나도 사양이야. 미워해 봐야 나만 손해겠지?"

자신 B "그래. 그 녀석은 어차피 벌받을 거니까, 그냥 내버려 둬."

이렇게 정중하게, 정성을 들여서 자신과 대화해보자.

마음속에 한 번 새겨진 감정은 쉽게 사라지지 않는다. 하지만 대화를 계속하다 보면 미움도 서서히 줄어들 것이다.

마음의 상처는 수술 자국과 닮았다. 메스가 만든 상처는 시간이 지나면서 서서히 붙어서 이윽고 하나의 피부가 된다. 자기 자신과의 대화는 수술 상처를 봉합하는 과정과 같다. 처음에는 인공적인 처치이지만, 인간이 가진 자연치유력이 작용해서 서서히 상처가 아물게 된다. 미움의 강도가 강하다면 자기 자신과 대화를 나눌 때도 상처가 따끔거릴지 모른다. 하지만 결국 그것이 상처를 치유하는 지름길이다.

'하고 싶은 일 목록'을 만들어
삶의 목표 찾기

50대 중반에 접어든 나는 최근 들어 제2의 인생에 관해 많이 생각한다.

예전에는 학회 때문에 외국에 나가는 것도 즐거웠고, '다음에는 거기도 가보고 싶어', '저런 것도 해보고 싶어' 하며 새로운 일에 대한 기대감으로 충만했다. 늘 도전할 목표가 눈앞에 아른거렸다. 하지만 요즘에는 다르다. 외국에 나가는 것도 귀찮을 때가 있고, 문득 앞으로 어떻게 살아야 할지 막막해지기도 한다. 한편으로 자신의 분야에서 어느 정도 경력을 쌓았고, 가정도 이루어서 현 상태에 만족하고 있지만 왠지 뭔가 부족한 기분이 든다.

이럴 때 자신의 현실을 직시하려면 어떻게 해야 할까?

내가 실천하는 방법은 '지금 내가 꼭 해야 한다고 생각하면서도 뒤로 미루는 게 뭐가 있을까?' 하고 자신에게 질문하는 것이다.

나는 '어린 시절에 놀았던 곳에 다시 가보고 싶다', '초등학교를 찾아가 보고 싶다' 등 주로 과거를 돌아보는 편이다. 죽을 때 후회하기 싫은 마음이 강하기 때문이라고 생각한다. 내가 후회하지 않기 위해 가장 중요하게 여기는 조건은 '제대로 감사하기'이다. 이를 위해서는 과거에 걸어왔던 자취를 확인하는 것이 중요하다. 그동안 내가 도움을 받았던 사람이나 고마웠던 사람에게 감사인사를 전하고 싶기 때문이다.

우리는 내일도 오늘과 같은 하루를 보낼 수 있다고 생각한다. 그래서 하루하루의 무게가 줄어들고, '시간 때우기'처럼 시간의 소중함을 모르는 표현을 사용하게 되는 것이다. 하지만 인생은 언제 무슨 일이 일어날지 아무도 모른다. 사고, 재해, 질병 등 모든 위험이 우리를 기다리고 있다. 그래서 '현재를 살자'고 의식하는 것은 무척 중요하다.

나는 한 달에 한 번 자기 자신에게 질문을 던져 하고 싶은 일 목록을 만들고, 순서대로 실천하려고 노력한다. 내가 하고 싶은 일 목록 중에는 '프로야구 팀의 수석 코치가 되는 것'도 들어 있다. 이처럼 현실 가능성이 없더라도 자유롭게 생각나는 대로, 하고 싶은 일을 마음껏 써도 된다.

소중한 사람을 잃었을 때
자기 자신과 대화하기

내가 고등학생 때 어머니가 돌아가셨다. 당시 나는 엄청난 충격을 받았고 주변 사람들로부터 많은 위로의 말을 들었다. 그때마다 마음은 감사했지만, 솔직히 말하면 '그런 말이 다 무슨 소용이야?' 하는 생각이 컸다.

소중한 사람을 영영 잃는다는 것은 인생에서 엄청난 큰일이고, 결국에는 혼자 극복할 수밖에 없다. 하지만 생각해보면 당시 어머니를 보내드릴 때도 나는 무의식중에 나 자신과 이런 대화를 나눴다.

자신 A "어머니와의 소중한 시간이 너무 빨리 끝나버렸어."

자신 B "하지만 즐거운 추억도 많아."

자신 A "맞아, 어머니와 함께 있으면 참 즐거웠어."

자신 B "인생의 가장 소중한 것을 잃었지만, 그래도 어머니
가 있어서 행복했어."

자신 A "분명 저세상에서도 즐겁게 지내실 거야."

이렇게 나 자신에게 던지는 물음이기도 하고 어머니에게
던지는 물음이기도 한 대화를 한동안 계속해나갔다. 그런
식으로 조금씩 마음을 정리해나갔던 것이다.

괴로운 마음은 쉽게 치유되지 않는다. 하지만 이런 식으
로 자신과의 대화를 계속하다 보면 아주 조금씩이지만 현실
을 받아들일 수 있게 된다.

13장

스트레스 없이
기분 좋게 말하기 위한
8가지 습관

아침에 일어나면 "감사합니다"라고 말하기
소중한 사람들에게 "고마워"라고 말하기
하늘 올려다보기 · 인사는 천천히 씩씩하게
자주 물 마시기 · 한숨 쉬기
한 곳만 치우기 · 자기 전에 일기 쓰기!

마음의 여유가
올바른 말투로 이어진다

마음에 여유가 있을 때, 즉 자율신경의 균형이 바로잡혀 있을 때는 누구나 듣기 좋은 적절한 말투를 쓰게 된다. 문제는 여유가 없을 때이다. 그런 상태에서도 올바른 말을 사용하기 위해서는 하루하루를 어떻게 보내느냐가 중요하다. 평소 자율신경의 균형을 바로잡는 습관을 갖고 있으면 격한 동요가 일어나는 충격적인 상황에 직면해도 말투로 인해 실수할 일은 없다.

이를테면 업무 중에 이런 전화를 받았다고 해보자.

"지난번 검사 결과가 나왔습니다. 유감이지만, 암입니다."

그 순간, 당신이 있던 공간은 그대로인데 당신의 마음은 물론 어쩌면 세포 하나하나까지 모든 것이 바뀌어버릴지도 모른다. 그 공간에서 당신이라는 개체만 순식간에 완전히 다른 존재가 되는 것이다.

그런 충격적인 상황에서 당신은 어떤 말투를 쓰게 될까? 아마 너무 동요해서 아무것도 눈에 들어오지 않고, 누가 말이라도 걸면 "시끄러! 나중에!" 하며 날카롭고 공격적인 말로 대응하고 말 것이다.

'그렇게 큰일을 겪으면 누구라도 그런 말투를 쓸 수밖에 없어' 하고 생각할지 모르겠다. 하지만 이 책의 궁극적인 목표는 자율신경의 균형이 심각하게 무너진 상황에서도 올바른 말투를 사용하는 것이다. 그 핵심은 부교감신경의 작용을 높여서 어떤 충격적인 상황도 받아들일 수 있는 상태를 만드는 것이다. 즉 평상심을 유지하는 습관을 갖는 것이다.

물론 보통 사람이 성인군자처럼 평상심을 유지하기란 쉽지 않다. 하지만 자율신경의 균형을 의식하는 사람과 의식하지 않는 사람은 확연히 차이가 난다. 그리고 매일 이를 의식하는 사람과 이따금씩 의식하는 사람도 마음의 상태가 다를 것이다.

13장에서는 예상하지 못한 심각한 상황에서도 올바른 말투를 쓸 수 있는 습관과 마음가짐에 대해 이야기한다. 여유로운 마음이 올바른 말투의 기초가 되고, 올바른 말투가 우리 인생을 윤택하게 만든다. 따라서 인생을 윤택하게 만들고 싶다면 말을 그럴듯하게 하는 요령을 익힐 것이 아니라 마음의 상태를 편안하게 유지하는 방법을 실천해야 한다.

여기서 소개하는 내용을 꾸준히 실천하면 불시에 상사의 불호령이 떨어져도, 예상하지 못한 실수를 저질러도 심각하게 동요하지 않고 냉정함을 유지하며 만회할 수 있게 될 것이다.

평소 습관이 삶을 윤택하게 만든다

삶이
윤택해진다.

올바른 말투를 쓸 수 있다.

평소 습관과 마음가짐을 통해 마음에 여유를 가진다.

여유로운 마음이 올바른 말투의 기초가 되고,
그것이 쌓여서 삶이 윤택해진다.

아침에 일어나면
"감사합니다"라고 말하기

아침에 눈을 떴을 때, 가장 먼저 어떤 생각이 드는가? '오늘은 해야 할 일이 많아서 바쁘겠어', '조금 더 자고 싶다' 등 부정적인 생각을 주로 할지도 모르겠다. 하지만 아침에 무사히 눈을 뜬 것 자체가 무척 행복한 일이다. 사실 심근경색이나 협심증 등으로 인한 돌연사는 자는 동안 가장 많이 일어나기 때문에 평소대로 아침을 맞이할 수 없는 사람이 적지 않다. 그러니 잠에서 깨어나 오늘이라는 하루를 보낼 수 있다는 것은 무척 감사해야 할 일이다. 그 사실을 마음에 담고 아침에 잠에서 깨면 이렇게 말해보자.

"오늘도 변함없이 아침을 맞이할 수 있음에 감사합니다."

영적 행위 같아서 우습게 느껴질지도 모르겠지만, 이처럼 당연한 사실을 당연하게 여기지 않고 감사하는 것이 무척 중요하다. 왜냐하면 사실 그것은 전혀 당연한 일이 아니기 때문이다.

밤에 잠자리에 들 때도 "오늘 하루도 무사히 끝낼 수 있음에 감사합니다" 하고 말해보자. 우리는 당연히 '살아 있는' 게 아니라 '주어진 삶'을 하루하루 살아가고 있다는 것을 인식한다면 감사하는 마음이 생겨날 것이다.

얼마 전 도쿄대 의대 구급의학 분야 교수인 야하기 나오키 선생과 식사하다가 깜짝 놀란 일이 있었다. 식사를 마치고 가게를 나올 때 야하기 선생이 셰프에게 깊이 고개 숙여 경의를 표하는 것이 아닌가.

보통은 "잘 먹었습니다" 하고 가볍게 인사하는 정도인데, 야하기 선생은 달랐다. 두 팔을 옆구리에 딱 붙이고 45도 각도로 상체를 굽혀서 "오늘 정말 잘 먹었습니다" 하고 2~3초간 정중하게 인사했다. 그야말로 "차렷! 경례!"의 경례 자세였다. 그 모습을 보고 나는 '이 사람은 정말 대단하구나' 하고 속으로 생각했다.

야하기 선생은 구급의학 분야 전문의여서 삶과 죽음에 민감하기 때문에 자신의 삶이 '주어진 삶'이라는 것을 분명하게 인식하고 있을 것이다. 그렇기에 누구에게나 감사하는 마음을 갖는 것이리라.

처음부터 야하기 선생 같은 수준을 목표로 삼는 것은 어렵겠지만, 일상의 사소한 일에 감사하는 것부터 시작해보자. 아침에 잠에서 깨고 밤에 잠자리에 드는 것처럼 너무나 당연하게 여기던 일들에도 감사하는 습관을 가지면 인생을 대하는 태도가 달라진다. 마음이 안정되고 어떤 상황에서도 평상심을 유지하며 너그럽고 여유 있는 태도를 가질 수 있게 될 것이다.

소중한 사람들에게
"고마워"라고 말하기

 '주어진 삶'에 감사하는 것은 물론이고 자신을 든든히 지탱해주는 사람들에게 고맙다고 말하는 것 역시 결코 소홀히 해서는 안 된다.

 우리 집은 나와 아내 모두 의사여서 서로 몹시 바쁘다. 신혼 때, 내가 자율신경 연구를 시작하기 전에는 무신경한 말로 서로의 자율신경을 망가뜨리는 일이 잦았다.

 이를테면 나는 아내가 요리를 해줘도 고맙다고 말하기는 커녕 밥을 먹고 나면 곧장 텔레비전을 보는 것을 당연하게 여겼다. 아내도 하루 종일 일하고 와서 피곤한데, 혼자서 요리하고 빨래하고 쉴 새 없이 집안일을 해야 했다. 그런데 나는 그런 아내를 본척만척하며 내 할 일만 했다. 그리고 아내가 집안일을 도와달라고 하면 "좀 이따 할게" 하며 미루거나 "피곤해서 못하겠어"라고 아예 거부한 적도 있다.

그런 식의 대화가 몇 번 이어지다 보면 불평한 아내도, 욱해서 되받아친 나도 자율신경이 흐트러진다. 그 상태로 잠자리에 들어 숙면을 취하지 못해서 다음 날에도 컨디션이 나쁜 상태로 일하러 나간 적도 많았다.

사실 당시에는 내가 무엇을 잘못했는지 전혀 인식하지 못했다. 그러나 자율신경 연구를 하는 지금은 그때 내 태도와 말을 깊이 반성하고 있다. 그리고 나는 달라졌다. 집안일을 해주는 아내에게 "고마워" 하고 자주 마음을 표현하고 역할 분담을 통해 내 몫의 집안일을 하고 있다. 물론 지금도 아내가 더 많은 집안일을 하고 있지만, 그럴 때마다 "고마워"라는 말을 잊지 않는다. 이런 말 한마디가 부부 사이를 좋게 만드는 데 얼마나 큰 작용을 하는지 알기 때문이다.

하늘 올려다보기

　바쁜 나날 속에서는 좀처럼 맑은 하늘이나 볼을 간지럽히는 기분 좋은 바람, 길가에 피어 있는 꽃의 아름다운 빛깔과 향기 등을 느끼기 어렵다.

　하지만 마음의 여유를 갖고 주위에 눈을 돌리면 '바람이 기분 좋네', '이런 곳에 꽃이 피어 있다니' 하며 소소한 즐거움을 찾을 수 있다. 시각, 청각, 후각을 열면 부교감신경이 쑥 올라가서 자율신경의 균형이 바로잡힌다. 이렇게만 해도 혈류가 좋아지고 자연스럽게 편안하고 적절한 말투를 쓸 수 있게 된다.

　하늘을 올려다보기 좋은 타이밍은 출퇴근 시간이나 외근

을 나갈 때 등 주로 바깥에 있을 때이다. 이때 걷는 자세도 자율신경에 큰 영향을 미친다. 걷는 자세를 보면 그 사람의 자율신경이 어떤 상태인지 알 수 있다.

잘못된 걸음걸이의 대표적인 예는 고개를 푹 숙이고 등이 굽은 자세로 걷는 것이다. 이렇게 걸으면 기도가 좁아져서 호흡이 얕아지고 혈류가 정체되어 자율신경의 균형이 무너져버린다.

올바른 걸음걸이는 등을 곧추세우고 배꼽부터 앞으로 나간다는 생각으로 천천히 걷는 것이다. 이렇게 하면 기도가 쭉 펴지면서 호흡도 자연스럽게 깊어지고 차분해져서 자율신경의 균형이 바로잡힌다.

인사는 천천히 씩씩하게

인사는 소통의 기본이면서 동시에 자율신경의 안정을 유지하는 데도 아주 효과적인 방법이다. 이를테면 "좋은 아침이에요……" 하고 작은 목소리로 웅얼거리면 기도가 좁아져서 혈류가 저하되고 자율신경의 균형이 무너진다. 그래서 더욱 올바른 말투를 쓸 수 없는 악순환에 빠진다.

올바른 인사법은 "좋은 아침입니다!" 하고 한 글자 한 글자 또박또박 발음하고, 천천히 어미를 올려서 말하는 것이다.

천천히 말하면 호흡이 안정되고, 말끝의 톤을 올려서 말하면 발랄한 인상을 줄 수 있다. 그러면 자신은 물론이고 주변 사람들의 자율신경까지 안정된다.

물론 고민이나 걱정거리가 있으면 반갑게 인사할 마음이 들지 않을 수도 있다. 자신도 모르게 인사하는 목소리가 가라앉고 말끝이 흐려진다. 하지만 앞에서 말한 것처럼, 우리 신체와 자율신경은 밀접한 관련이 있다. 억지 미소라 하더라도 입꼬리를 올려 미소를 지으면 부교감신경이 올라가 마음이 안정되고 편안해진다. 반대로 침울한 표정을 짓고 있으면 자율신경의 균형이 무너져 더 불안하고 초조해진다.

그러니 억지로라도 반갑게 인사를 건네는 것이 자기 자신에게 이익이다. 내키지 않고 귀찮더라도 스스로의 건강을 위해서 큰 목소리로 인사하는 습관을 갖자. 이런 작은 습관이 자신의 자율신경을 안정시켜 업무 능률에도 도움을 줄 것이다.

자주 물 마시기

긴장했을 때 물을 마시는 것은 굳이 언급하지 않아도 많은 사람들이 이미 실천하고 있는 방법일 것이다. 이는 의학적으로도 무척 효과적인 행동이다. 물을 마시면 위장의 신경이 좋은 자극을 받아 자율신경의 균형이 바로잡히기 때문이다.

몸에 수분이 부족해서 좋은 일은 하나도 없다. 우리 몸의 60%는 물로 이루어져 있고, 그중 75%가 세포 속에, 나머지 25%는 혈액과 림프액에 들어 있다.

하루에 2리터의 수분이 땀과 소변으로 배출되므로 자주 보충해주지 않으면 혈액이 끈적끈적해져서 자율신경이 흐트러져버린다. 직장에서는 긴장되고 스트레스받는 상황이 많이 생긴다. 많은 사람들이 입이 바짝바짝 마르고, 눈이 뻑뻑하고, 가슴이 답답하다는 증상을 호소하는데, 이는 모두 수분이 부족한 증상이다. 이럴 때 몸속에 수분을 채워주면 증상이 한결 가라앉는다.

그런데 정신없이 일하다 보면 물 마시는 것을 잊어버리게 된다. 또 업무 집중도를 높이려고 커피나 녹차 같은 카페인이 많이 든 음료를 습관적으로 마시다 보면 몸속의 수분이 더 부족해진다. 카페인이 이뇨작용을 촉진해 몸속의 수분을 배출하게 만들기 때문이다.

아침에 출근하면 2리터짜리 물통에 물을 채워 책상 위에 놓아두자. 그리고 퇴근 전까지 물을 다 마시는 것을 목표로 삼자. 처음에는 한 통을 다 마시는 것이 힘들겠지만, 차츰 수월해질 것이다. 일하는 중간중간 자주 물을 마시는 간단한 방법이 자율신경의 균형을 유지하는 데 큰 효과를 발휘할 수 있다.

한숨 쉬기

고민이나 문제가 있으면 자신도 모르게 "어휴……" 하고 한숨이 나오기 마련이다. 이때 부디 눈치 보지 말고 마음껏 한숨을 쉬기 바란다.

'한숨을 쉬면 복이 달아난다'라는 말이 있는데, 의학적 관점에서 보면 오히려 그 반대이다. 숨을 내쉬는 시간이 길면 길수록 더 효과적으로 부교감신경을 끌어올릴 수 있기 때문에, 한숨을 쉬는 것은 사실 우리 몸에 좋은 행위이다. 심호흡을 하면 마음이 차분해지는 것과 같은 메커니즘이다.

그렇다면 왜 '한숨을 쉬면 복이 달아난다'라는 말이 있는 것일까? 사람이 어떤 것을 골똘히 생각할 때는 호흡을 자주 멈추게 되면서 숨이 거칠어진다. 그러면 몸에 산소가 부족해져 더 깊이 호흡하게 된다. 이것이 한숨의 정체이다. 어떤 것을 깊이 생각하느라 호흡이 얕아질 때 한숨이 나오는 것이다.

그런데 보통 어떤 문제를 걱정하거나 고민하는 사람이 한숨을 쉬는 경우가 많아서 '한숨=복이 달아난다'라고 생각하게 된 것이다. 걱정하거나 고민하는 사람이 한숨을 자주 쉬는 것은 맞지만, 한숨을 쉬었기 때문에 걱정이나 고민거리가 생긴 것은 아니다. 의학적인 관점에서 보면 한숨은 오히려 인간이 자율신경의 균형을 유지하기 위해 본능적으로 하는 건강법이다.

딱 한 곳만 치우기

　하루 업무를 마치면 한시라도 빨리 회사에서 나오고 싶겠지만, 집으로 가기 전에 꼭 했으면 하는 일이 있다. 바로 '딱 한 곳만 정리하기'이다.

　업무를 막 끝냈을 때는 교감신경이 부교감신경보다 높은 상태에 있다. 그리고 저녁부터 밤까지의 시간을 거치면서 부교감신경이 더 높은 상태로 바뀐다. 그런데 앞에서 말했듯이 남성은 30세, 여성은 40세를 기점으로 부교감신경의 작용이 떨어지기 시작한다. 그래서 그냥 내버려 두면 교감신경이 우위에 있는 상태로 밤을 맞이하게 되고, 다음 날 아침이 되어도 피로가 풀리지 않고 계속 피곤한 상태가 유지

되는 악순환에 빠져버린다.

이때 도움이 되는 것이 바로, 업무를 마치고 퇴근하기 전에 딱 한 곳만 정리하는 것이다. 정리하는 행위에는 부교감신경을 높여서 기분을 차분하게 만드는 효과가 있다.

이때 정리는 맨 위 서랍이나 책상 위 서류철 등 '한 곳'만 하는 것이 포인트이다. 이때 모처럼 마음먹었으니 책상 전체를 깨끗하게 정리해야지 하고 여기저기 손을 대면, 그 순간 교감신경이 높아져 자율신경이 흐트러지고 만다. 자율신경을 바로잡기 위해서는 매일 조금씩 정리하는 것이 효과적이다.

또 한 가지 추천하고 싶은 방법은 내일 일정을 전날 미리 확인하는 것이다.

아침에 업무를 시작하기 전에 하루 일정과 해야 할 작업을 메모하는 사람이 많은데, 아침시간은 뇌가 맑게 깨어서 생산성이 가장 높은 골든타임이다. 그 귀중한 시간을 일정을 확인하는 데 쓰는 것은 너무 아깝다.

수첩에 항목을 쓸 때는 번호를 다는 것이 중요하다. 이 방법은 영국의 진료 기록 카드 기입법에서 착안했다. 영국에서는 '세븐 라인'이라고 해서 진료 기록 카드에 환자에 대한 중요한 사실 일곱 개를 기록하고 거기에 번호를 붙인다. 반드시 중요도가 높은 순으로 번호를 붙일 필요는 없다. 그저 번호를 붙이기만 하면 된다. 이렇게 하면 단순히 일곱 개 항목을 나열하는 것보다 머릿속에서 내용이 잘 정리되어 효과적으로 입력된다. 나는 영국에서 유학했을 당시 이 방법을 배웠는데 그 놀라운 효과를 실감했다.

시간 관리를 잘하는 것은 자율신경을 바로잡기 위해서도 무척 중요하다. 일정이 꼬여서 마음이 초조하고 불안해지면 그 순간 자율신경이 급격히 망가지기 때문이다.

써넣는 항목이 꼭 일곱 개일 필요는 없다. 다음 날 안건이나 해야 할 작업에 번호를 붙이기만 해도 좋다. 이렇게만 해도 시간을 허비하는 일이 줄어들고, 일도 원활하게 할 수 있고, 마음에 여유가 생겨서, 자율신경이 안정을 찾는 선순환이 일어난다.

자기 전에 일기 쓰기

일기는 길게 쓸 필요 없다. 내가 일기장에 쓰는 것은 단 3가지이다.

① 그날 가장 실패한 일
② 그날 가장 감동한 일
③ 내일 목표

이는 내가 아일랜드에서 일할 때 동료 의사에게 권유받은 방법이다. 일기에 가장 먼저 실패한 일을 쓰는 이유는 자신이 한 일 가운데 가장 냉정하게 돌아봐야 하는 것이기 때문이다. 실패를 반성하고 나면 내일부터 다시 열심히 하고 싶은 의욕이 생기도록 감동한 일을 쓴다.

일기를 쓸 때 실패와 반성만 기록하는 사람이 많은데, 그것만 쓰면 우울한 기분이 계속 이어지게 된다. **동기 부여를 위해서는 반드시 감동한 일도 써야 한다.**

실패한 일과 감동한 일을 쓰고 나면 내일의 목표를 적는다. 이것은 사실 내가 나름대로 응용한 방법이다. 목표를 세우면 해야 할 일이 명확해져서 불안이 사라진다. 대개 불안은 무슨 일이 일어날지 알 수 없는 상태에서 생긴다. 자신이 해야 할 행동이 분명하게 정해지면 불안을 끊어낼 수 있다. 인생은 불안과 고민의 연속이라고 말해도 과언이 아니다.

매일 자기 전에 이 3가지를 쓰는 것만으로도 자율신경의 균형을 유지할 수 있다. 이렇게 작지만 효과적인 습관을 계속 쌓아가는 것이 오늘도, 내일도, 모레도 그리고 더 나아가 인생 전체를 바꿀 수 있는 기반이 된다.

　당연한 말이지만 우리의 생명은 유한하다. 하지만 의학이 발전함에 따라 그 사실을 잊고 사는 사람이 많아지고 있다. 웬만한 병에 걸리더라도 병원에 가면 낫는다고 생각하는 것이다. 하지만 모든 사람은 언젠가 반드시 인생의 마지막 순간을 맞이한다.

　내가 이 책을 통해 가장 전하고 싶은 말은 잘못된 말투 때문에 인생의 귀중한 시간을 엉망으로 만드는 것이 너무도 안타깝다는 것이다. 우리의 인생을 든든하게 받쳐주는 것이 바로 말투이기 때문이다.

　말투는 인간관계는 물론이고 자신과 타인의 건강, 능력과 역량 등 인생 전반에 영향을 미치는 가장 중요한 도구이자 무기이다. 그런데도 우리는 지금까지 말투의 중요성과 활용법에 대해 단편적으로만 연구하고 이해해왔다.

말투는 잔기술로 다룰 영역이 아니다. 말투의 본질을 파악하고 의학적인 원리를 이해하지 못하면 결코 말투를 컨트롤할 수 없다. 그 비밀은 바로 자율신경에 있다.

안타깝게도 이 사실을 알고 있는 사람은 많지 않다. 그러나 이 책을 끝까지 읽은 여러분은 말투의 본질과 원리, 말투를 자신에게 유리한 방향으로 컨트롤하는 방법을 알게 되어 스트레스 없이 말할 수 있게 되었다.

앞으로 여러분이 멋진 인생을 보내고, 마지막 순간에 '참 잘 살았어' 하고 생각하기 위해서 이 책에서 제시한 방법들을 꾸준히 실천하기를 바란다. 내가 이 책에서 전달하고자 했던 내용이 조금이나마 여러분의 인생에 행복을 불러오기를 진심으로 바란다.

나는 당신이 스트레스 없이
말하면 좋겠습니다

초판 1쇄 인쇄 2018년 11월 1일
초판 5쇄 발행 2024년 1월 10일

지은이 고바야시 히로유키
옮긴이 조민정

발행인 양수빈
펴낸곳 타커스
등록번호 제313-2008-63호
주소 서울시 종로구 대학로 14길 21 (혜화동) 민재빌딩 4층
전화 02-3142-2887   팩스 02-3142-4006
이메일 yhtak@clema.co.kr

ISBN 978-89-94081-56-4 (03320)

- 값은 뒤표지에 표기되어 있습니다.
- 제본이나 인쇄가 잘못된 책은 바꿔드립니다.